LES
TEXTES LATINS
DU PROGRAMME

CLASSE DE SIXIÈME

Livre du Maître

LES
TEXTES LATINS
DU PROGRAMME

CLASSE DE SIXIÈME

PAR

H. PETITMANGIN

AGRÉGÉ DE L'UNIVERSITÉ

PROFESSEUR DE PREMIÈRE AU COLLÈGE STANISLAS (PARIS)

LIVRE DU MAITRE

J. DE GIGORD, ÉDITEUR

15, RUE CASSETTE — PARIS (VIe)

1930

LES TEXTES LATINS
DU PROGRAMME

PREMIÈRE PARTIE

(*EXTRAITS DE L'*EPITOME HISTORIÆ SACRÆ)

CHAPITRE PREMIER

La création du monde et nos premiers parents.

1. Dieu créa le ciel et la terre en six jours. Le premier jour il créa la lumière ; le second, le ciel ; le troisième, il rassembla les eaux en un seul lieu et fit sortir de la terre les plantes et les arbres. Le quatrième, il fit le soleil, la lune et les étoiles ; le cinquième, les oiseaux qui voltigent dans l'air et les poissons qui nagent dans les eaux. Le sixième jour, il fit tous les êtres vivants ; en dernier lieu l'homme. Le septième, il se reposa.

2. Dieu créa le corps de l'homme du limon de la terre. Il lui donna une âme vivante, le fit à sa ressemblance et le nomma Adam. Ensuite, il endormit Adam et tira une de ses côtes durant son sommeil. Il en forma la femme, qu'il donna comme compagne à l'homme. C'est ainsi qu'il institua le mariage. Le nom de la première femme fut Ève.

3. Dieu plaça Adam et Ève dans un jardin très agréable, qu'on appelle habituellement Paradis terrestre. Un grand fleuve arrosait ce jardin. Il y avait là tous les arbres qui réjouissent les yeux, tous les fruits qui flattent le goût. Parmi ces arbres se trouvait l'arbre de la science du bien et du mal. Dieu dit à l'homme : « Profite des fruits de tous les arbres du Paradis, à l'exception de

ceux de l'arbre de la science du bien et du mal. Car si tu en manges, tu mourras. »

4. Le serpent, qui était le plus rusé de tous les animaux, dit à la femme : « Pourquoi ne manges-tu pas le fruit de cet arbre ? » La femme répondit : « Dieu l'a défendu. Si nous y touchons, nous mourrons. » — « Pas du tout, reprit le serpent ; vous ne mourrez pas, mais vous serez semblables à Dieu, connaissant le bien et le mal. » La femme, trompée par ces mots, cueillit le fruit, en mangea, puis en offrit à son époux, qui en mangea également.

5. Adam, fuyant la présence de Dieu, se cacha. Dieu l'appela : « Adam ! Adam ! » Il répondit : « J'ai craint votre présence et je me suis caché. » — « Pourquoi crains-tu, dit Dieu, sinon parce que tu as mangé le fruit défendu ? » Adam répondit : « La femme que j'ai reçue de vous pour compagne, m'a donné ce fruit à manger. » Le Seigneur dit à la femme : « Pourquoi as-tu agi ainsi ? » Elle répondit : « Le serpent m'a trompée. »

6. Le Seigneur dit au serpent : « Pour avoir trompé la femme, tu seras en butte à la haine et à l'exécration entre tous les animaux. Tu ramperas sur le ventre et tu mangeras la terre. Il y aura inimitié entre toi et la femme. Un jour, elle t'écrasera la tête. » Il dit en outre à la femme : « Je te chargerai de nombreux maux. Tu enfanteras dans la douleur et tu seras soumise à l'homme. »

7. Dieu dit ensuite à Adam : « Puisque tu as cédé par complaisance à ton épouse, la terre sera mal disposée à ton égard. Elle produira pour toi des épines et des chardons. Tu lui demanderas ta nourriture au prix de grandes peines, jusqu'à ce que tu retournes dans son sein d'où tu es venu. » Puis Dieu chassa Adam et Ève du jardin pour obliger l'homme à cultiver la terre. Il plaça un ange armé d'une épée flamboyante à l'entrée du Paradis pour en interdire l'accès.

EXERCICE. I, § 5-7. — 1° Se déclinent sur *rosa* : *terra, inimicitia, spina*; sur *Dominus* : *Adamus, Deus, carduus, hortus, angelus, gladius, Paradisus*; sur *templum* : *malum* (un mal). — 2° La deuxième personne du singulier du présent de l'indicatif se termine par *s* comme en français) : *times, eris, reptabis, paries, habebis, quæres, es*. — 3° Sujets de verbes : *Adamus* (*abscondit*), *Deus* (*vocavit*), *qui* (*respondit*), *Deus* (*inquit*), *Adamus* (*respondit*), *mulier* (*porrexit*, *Dominus* (*dixit*), *quæ* (*respondit*). *Dominus* (*dixit*), *inimicitiæ* (*erunt*), *ipsa* (*conteret*), *Deus* (*dixit*), *ea* (*fundet*), *ille* (*coleret*), *qui* (*præferebat*). — 4° Il est facile de conclure que tout sujet d'un verbe à un mode personnel est au nominatif.

CHAPITRE II

Le Déluge.

1. Quand les hommes se furent multipliés, tous les vices se développèrent. Dieu, s'en trouvant offensé, résolut de détruire le genre humain par le déluge. Cependant il épargna Noé et ses enfants à cause de leur vertu. Noé, averti par Dieu, construisit une arche de grandes dimensions en forme de navire. Il l'enduisit de bitume et y mit une paire de tous les animaux.

2. Quand Noé lui-même y fut entré avec sa femme, ses trois fils et autant de brus, les eaux de la mer et des fontaines envahirent la terre. En même temps il plut abondamment pendant quarante jours et autant de nuits. L'eau recouvrit toute la terre au point de dépasser de quinze coudées les plus hautes montagnes. Tout fut englouti par le déluge. Quant à l'arche, soulevée par les eaux, elle flottait sur leurs profondeurs.

3. Dieu envoya un vent violent et peu à peu les eaux diminuèrent. Enfin, dix mois après le début du déluge, Noé ouvrit la fenêtre de l'arche et fit sortir un corbeau qui ne revint pas. Ensuite il lâcha une colombe. Celle-ci, n'ayant pas trouvé un endroit sec pour y poser le pied, revint auprès de Noé qui étendit la main et la remit à l'intérieur de l'arche. Lâchée de nouveau, elle apporta dans son bec un rameau d'olivier verdoyant. C'était le signe que le déluge était fini.

4. Noé, avec sa famille, sortit de l'arche après y avoir été enfermé toute une année. Il fit sortir avec lui les oiseaux et tous les autres animaux. Puis il éleva un autel et offrit un sacrifice à Dieu. Dieu lui dit : « Je ne détruirai plus le genre humain. Je mettrai mon arc-en-ciel dans les nuages et ce sera le signe de l'alliance que je fais avec vous. Quand je couvrirai le ciel de nuages, mon arc-en-ciel se montrera, je me rappellerai mon engagement et il n'y aura plus de déluge pour détruire le monde. »

EXERCICE, II, § 1-4. — 1° Noms imparisyllabiques : *homo, hominis*; *genus, eris*; *virtus, virtutis*; *bitumen, bituminis*; *par, paris*; *animans, animantis*; *conjux, conjugis*; *fons, fontis*; *nox, noctis*; *mons, montis*; *pes, pedis*; *fœdus, eris* — Noms parisyllabiques : *navis, navis*; *mare, maris*; *mensis, mensis*; *finis, finis*; *avis, avis*; *altare, altaris*; *nubes, nubis*; *orbis, orbis*. — 2° Troisième personne du singulier du parfait actif : §1 : *crevit, statuit, pepercit, exstruxit, linivit, induxit* ; §2 : *cecidit, operuit* ; §3 : *immisit, aperuit, emisit, extendit, intulit, attulit* ; §4 : *eduxit, crevit, obtulit, dixit*. Cette forme active se termine donc par un *i* et un *t* (*it*).

CHAPITRE III

Vocation d'Abraham.

1. Le châtiment du déluge ne détourna pas les hommes du vice. Bientôt même ils devinrent pires qu'auparavant. Ils oublièrent Dieu, leur créateur ; ils adoraient le soleil et la lune ; ils ne respectaient pas leurs parents ; ils mentaient, trompaient, volaient, tuaient. En un mot ils se souillaient de tous les crimes.

2. Cependant de saints personnages pratiquaient la vraie religion : parmi eux se trouva Abraham. Dieu fit alliance avec lui en ces termes : « Sors de ta maison paternelle ; quitte ta patrie ; va dans le pays que j'ai l'intention de donner à tes descendants. Tu seras le père de nombreuses nations et à cause de toi les races de la terre seront comblées de biens. Regarde le ciel ; compte les étoiles si tu peux ; ta descendance les égalera en nombre. »

3. Un fils naquit à Abraham ; il l'appela Isaac. Quand Isaac fut devenu grand, Dieu, voulant éprouver la foi d'Abraham, lui dit : « Abraham, prends ton fils unique, que tu aimes, et sacrifie-le-moi sur la montagne que je te désignerai. »

4. Abraham obéit sans hésitation à l'ordre de Dieu. Il plaça le bois sur les épaules d'Isaac. Quant à lui, il portait le feu et l'épée. Tandis qu'ils marchaient ensemble, Isaac dit à son père : « Mon père, voici le bois et le feu ; mais où est la victime qui doit être immolée ? » Abraham lui répondit : « Dieu, mon fils, y pourvoira pour lui-même. » Quand ils furent parvenus tous deux au lieu désigné, Abraham éleva un autel, rangea le bois, attacha Isaac sur le monceau de bûches, puis saisit son épée.

5. A ce moment un ange cria du ciel : « Abraham, retiens ta main ! ne fais aucun mal à l'enfant. Je connais bien maintenant ta foi, puisque tu n'as pas épargné ton fils unique. Aussi tu auras mes faveurs : je récompenserai magnifiquement ta foi. » Abraham se retourna et vit un bélier, dont les cornes s'embarrassaient dans les broussailles. Il l'immola à la place de son fils.

EXERCICE. III. §2-5. — 1° Noms de la troisième déclinaison au génitif singulier et pluriel : *Mons, montis, montium* ; *ignis, ignis, ignium* ; *iter, itineris, itinerum* ; *pater, patris, patrum* ; *strues, struis, struum ; aries, arietis, arietum ; vepres, veprium.* — 2º *Tentans fidem* (éprouvant la foi) ; *tolle filium* (prends ton fils) ; *imposuit ligna* (il plaça les bois) ; *portabat ignem et gladium* (il portait le feu et l'épée) ; *fecerunt iter* (ils voyageaient) ; *providebit hostiam* (il procurera une victime) ; *exstruxit aram* (il éleva un autel) ; *disposuit ligna* (il arrangea les bûches) ; *alligavit Isaacum* (il attacha Isaac) ; *arripuit gladium* (il saisit l'épée) ; *contine manum tuam* (arrête ta main) ; *remunerabo fidem tuam* (je récompenserai ta foi) ; *vidit arietem* (il vit un bélier). — 3º On voit que le nom complément d'objet direct se met à l'accusatif. — 4º *Exi* (exire) ; *desere* (deserere) ; *pete* (petere) ; *aspice* (aspicere) ; *dinumera* (dinumerare) ; *tolle* (tollere) ; *immola* (immolare) : donc cet impératif singulier deuxième personne se forme en retranchant à l'infinitif la syllabe *re*.

CHAPITRE IV

Esaü et Jacob.

1. Esaü était très velu, tandis que Jacob ne l'était pas. Le premier était un chasseur intrépide, l'autre était paisible et simple (simple au point de vue des habitudes). Un jour que Jacob avait préparé un plat de lentilles, Esaü survint, fatigué d'avoir beaucoup marché, et dit à son frère : « Donne-moi ce plat, car je reviens de la campagne mort de fatigue. » Jacob lui répondit : « Tu l'auras, si tu me cèdes ton droit d'aînesse. » — « Volontiers, » dit Esaü. — « Jure-le donc, » dit Jacob.

2. Isaac, qui appréciait fort le gibier, aimait Esaü ; mais Jacob était le préféré de sa mère Rébecca. Isaac, étant devenu fort vieux et aveugle, fit venir Esaü. « Prends, lui dit-il, ton carquois, ton arc et tes flèches. Apporte-moi un plat confectionné avec le produit de ta chasse, afin que j'en mange et que je te bénisse (je te souhaite toutes les choses prospères) avant de mourir. » Esaü partit donc à la chasse.

3. Rébecca avait entendu les paroles d'Isaac. Elle appela Jacob et lui dit : « Apporte-moi deux chevreaux bien gras. J'en ferai un plat que ton père apprécie beaucoup. Tu lui présenteras ce mets et il te donnera sa bénédiction. » Jacob répondit : « Mère, je n'ose agir ainsi. Car Esaü est velu tandis que je ne le suis pas. Si mon père me touche, il se fâchera contre moi. Il en résultera qu'il s'indignera contre ma conduite et me punira au lieu de me favoriser. »

4. Rébecca insista : « N'aie pas peur, mon fils. Si quelque accident survient, je prends tout sur moi. Pour toi, n'hésite pas à

suivre mes ordres. » Jacob s'éloigna donc et apporta à sa mère
deux chevreaux. Elle en fit un plat qu'elle savait agréable au
palais d'Isaac. Ensuite elle fit revêtir à Jacob les vêtements de son
frère et appliqua une peau de chevreau sur ses mains et sur son
cou. Puis elle lui dit : « Va trouver ton père et offre-lui le mets
qui lui plaît. »

5. Jacob présenta à son père le mets préparé par sa mère. Isaac
lui dit : « Qui donc es-tu ? » Jacob répondit : « Je suis Esaü, votre
fils aîné. J'ai fait, mon père, ce que vous m'avez ordonné. Levez-
vous et mangez du produit de ma chasse. » — « Comment, dit
Isaac, as-tu pu trouver si vite du gibier ? » — « J'en ai trouvé,
mon père ; c'est Dieu qui l'a voulu. » Isaac reprit : « Es-tu mon
fils aîné Esaü ? Approche plus près, afin que je te touche. » Jacob
s'approcha de son père, qui dit : « C'est à la vérité la voix de
Jacob, mais les mains sont celles d'Esaü. »

6. Isaac embrassa Jacob et lui accorda tous les avantages du
droit d'aînesse. Peu après Esaü rentra de la chasse et offrit lui
aussi à son père le mets qu'il avait préparé. Isaac étonné lui dit :
« Quel est donc celui qui m'a apporté tout à l'heure un plat et
auquel j'ai donné ma bénédiction comme à mon fils aîné ? » A ces
mots Esaü fit entendre un grand cri et remplit la maison de ses
lamentations.

EXERCICE, IV. § 1-6. — 1° Adjectifs de la première classe : *pilosus,
strenuus, placidus, fessus, carus, caecus, faustus, opimus, adversus,
totus* (mais voir G. 44, III, 4°), *magnus*. — 2° Adjectifs de la deuxième
classe : *simplex, lenis.* — 3° Futurs de la première conjugaison : *dabo,
praecabitur* ; deuxième conjugaison : *succensebit* ; troisième conjugaison : *concedes, faciam, conficiam, appones, crenient, sumam, seque-
tur.* — 4° Les futurs actifs latins (si on néglige les verbes déponents)
sont donc terminés en *bo, bis* aux deux premières conjugaisons et en
am, es à la troisième. — 5° Singulier : *suavis cibus, suavis cibi, suavi
cibo, suavi cibo, suavem cibum* ; pluriel : *suaves cibi, suavium ciborum, suavibus cibis* (dat. et abl., *suaves cibos.*

CHAPITRE V

Histoire de Joseph.

1. Jacob eut douze fils, au nombre desquels fut Joseph. Son
père l'aimait plus que tous les autres. Il lui avait donné une robe
tissée de fils de diverses couleurs. Aussi Joseph était haï de ses

frères, surtout quand il leur eut raconté deux songes qui annonçaient sa grandeur future. Ils le détestaient au point qu'ils ne pouvaient parler amicalement avec lui.

2. Voici les songes de Joseph : « Nous étions occupés ensemble, dit-il, à lier des gerbes dans un champ. Voici que ma gerbe se dressait et se tenait debout. Les vôtres l'entourant l'adoraient. Ensuite je vis en songe le soleil, la lune et les étoiles qui m'adoraient. » Ses frères lui répondirent : « A quoi tendent ces songes? Est-ce que par hasard tu seras notre roi? Serons-nous soumis à ta puissance? » Ses frères lui portaient donc envie : quant à son père, il réfléchissait sur tout cela en silence.

3. Un jour les frères de Joseph faisaient paître leurs troupeaux au loin, tandis qu'il était resté à la maison. Jacob l'envoya auprès de ses frères, pour savoir comment ils allaient. En voyant venir Joseph, ils conçurent le dessein de le tuer. « Voici venir, disaient-ils, notre rêveur. Tuons-le et jetons-le dans un puits. Nous dirons à notre père : Une bête sauvage a dévoré Joseph. Alors on verra à quoi lui auront servi ses songes. »

4. Ruben, qui était l'aîné, cherchait à détourner ses frères d'un si grand forfait. « Ne tuez pas cet enfant, leur disait-il : car c'est notre frère. Jetez-le plutôt dans cette fosse. » Son intention était de tirer Joseph de leurs mains, de le faire sortir de la fosse et de le ramener à son père. Ces paroles les décidèrent à prendre un parti plus humain.

5. Quand Joseph arriva auprès de ses frères, ils lui enlevèrent la robe dont il était revêtu et le jetèrent dans une fosse. Ensuite, s'étant assis pour prendre leur nourriture, ils aperçurent des marchands qui se rendaient en Egypte avec des chameaux chargés de divers aromates. Il leur vint l'idée de vendre Joseph à ces marchands. Ceux-ci achetèrent Joseph pour vingt pièces d'argent et l'emmenèrent en Egypte.

6. Les frères de Joseph trempèrent sa robe dans le sang d'un chevreau qu'ils avaient tué et l'envoyèrent à son père en lui faisant dire : « Nous avons trouvé cette robe. Voyez si ce n'est pas celle de votre fils. » Le père la reconnut et s'écria : « C'est la robe de mon fils ; une affreuse bête a dévoré Joseph. » Puis il déchira son vêtement et revêtit un cilice. Tous ses enfants se réunirent pour adoucir la douleur de leur père. Mais Jacob refusa leurs consolations en disant : « Je vais descendre désolé avec mon fils dans le tombeau. »

EXERCICE, V, § 4-6. — 1° *Maximus*, de *magnus*, grand, *major*, *maximus; tantus*, si grand. (sans comp. ni superl.); *mitius*, de *mitis*, doux (*mitior, mitissimus*); *raria*, de *varius* (comp. et superl.

avec *magis* et *maxime*); *pessima*, de *malus*, mauvais (*pejor, pessimus*). — 2º *Qui*, nominatif masc. sing.; *eum*, acc. masc. sing. (*is*); *noster*, nom. masc. sing.; *hanc*, acc. fém. sing. (*hic*); *eorum*, gén. masc. plur. (*is*); *illum*, acc. masc. sing. (*ille*); *his*, abl. neut. plur. (*hic*); *suos*, acc. masc. plur. (*suus*); *ei*, dat. masc. sing. (*is*); *qua*, abl. fém. sing. (*qui*); *eum*, acc. masc. sing. (*is*); *qui*, nom. masc. plur. (*qui*); *eis*, dat. masc. plur. (*is*); *illis*, dat. masc. plur. (*ille*); *qui*, nom. masc. plur. (*qui*); *eum*, acc. masc. sing. (*is*); *eum*, acc. masc. sing. (*is*); *ejus*, gén. masc. sing. (*is*); *quem*, acc. masc. sing. (*qui*); *his*, abl. neut. plur. (*hic*); *hanc*, acc. fém. sing. (*hic*); *tui*, géa. masc. sing. (*tuus*); *quam*, acc. fém. sing. (*qui*); *mei*, gén. masc. sing. (*meus*); *ejus*, gén. masc. sing. (*is*); *ego*, nom. masc. sing. (*ego*); *meo*, abl. masc. sing. (*meus*). — 3º *Ab*, de (détourner de), abl.; *in*, dans (acc.); *in*, dans (abl.); *ex* ou *e*, (hors) de, abl.; *ad*, à, vers (acc.); *in*, dans (acc.); *ad*, pour (acc.); *cum*, avec (abl.) — 4º *Tantum scelus, tanti sceleris, tanto sceleri, tanto scelere, tantum scelus; tanta scelera, tantorum scelerum, tantis sceleribus* (dat.-abl.), *tanta scelera*. — 5º *Detraxerunt* (ils ôtèrent), *detruserunt* (ils jetèrent), *conspexerunt* (ils aperçurent), *emerunt* (ils achetèrent), *duxerunt* (ils conduisirent), *tinxerunt* (ils trempèrent), *miserunt* (ils envoyèrent), *convenerunt* (ils se réunirent). On voit que cette forme est aisément reconnaissable à sa terminaison *erunt* (parfois *ere*).

7. L'Égyptien Putiphar acheta Joseph aux marchands. Dieu lui accorda sa faveur à cause de Joseph : tout lui réussissait. Aussi Joseph fut bien traité par son maître, qui le mit à la tête de sa maison. Joseph gérait donc tous les biens de Putiphar : tout se faisait par son ordre et Putiphar ne s'occupait de rien.

8. Joseph était d'une vertu remarquable. Néanmoins l'épouse de Putiphar l'accusa auprès de son mari. Celui-ci, trop crédule, fit jeter Joseph en prison. Il y avait, dans cette même prison, deux ministres du roi Pharaon. L'un était le grand échanson, l'autre, le grand panetier. Tous deux eurent un songe la même nuit par un dessein providentiel.

9. Quand Joseph vint les voir le lendemain matin, il remarqua qu'ils étaient plus tristes que d'habitude et leur demanda la cause de leur affliction. Ils répondirent : « Nous avons eu un songe, et il n'y a personne pour nous l'expliquer. » — « N'est-ce pas à Dieu seul, leur dit Joseph, qu'il appartient de connaître l'avenir? Racontez-moi vos songes. »

10. Le premier raconta ainsi son rêve à Joseph : « Durant mon sommeil j'ai vu une vigne qui avait trois branches; peu à peu des bourgeons y poussèrent; puis des fleurs en sortirent et finalement les grappes y mûrissaient. J'en exprimais le jus dans la coupe du Pharaon et je la lui présentais. » — « Aie bon courage,

lui dit Joseph; dans trois jours le Pharaon te rendra ton ancien rang ; je te prie de te souvenir alors de moi. »

11. L'autre aussi raconta son rêve à Joseph : « Je portais sur la tête trois corbeilles, dans lesquelles se trouvaient les aliments que les panetiers ont coutume de préparer. Mais voilà que des oiseaux, voletant tout autour, les mangeaient. » — « Voici, lui dit Joseph, l'explication de ce songe. Les trois corbeilles représentent trois jours, au bout desquels le Pharaon te fera trancher la tête et attacher à un poteau où les oiseaux mangeront ta chair. »

12. Le troisième jour, qui était l'anniversaire de la naissance du Pharaon, il fallut préparer un repas splendide. Alors le roi se souvint de ses ministres emprisonnés. Il rendit sa charge au grand échanson ; quant à l'autre, après lui avoir fait trancher la tête, il le fit attacher à un poteau. Ainsi se réalisa leur songe. Néanmoins le grand échanson oublia Joseph et ne pensa plus à ses services.

EXERCICE, V, § 10-12. — § 10 *Vidi in somnio meo palmitem, gemmam, florem, uvam vitis. — Est in pristino gradu. — Uvæ in tribus scyphis erant.*

§ 11. *Aves capitis tui carnem comedent. — Cibus in tribus canistris erat. — Trium horum somniorum interpretatione territus est. — Interpretationem alterius somnii nori.*

§ 12. *Tertius dies regis natalis (dies) erat. — Convivium splendidius, convivia splendidiora parat præfectus pincernarum. — Rex præfecti pincernarum alteriusque ministri recordatus est. — Regis minister oblitus est carceris meritorumque Josephi. — Pharao ministris suis munera restituit. — Alterum somnium habuit tertio die. — Minister in carcere muneris sui recordatus est.*

13. Deux ans après le roi lui-même eut un songe. Il lui semblait qu'il était debout au bord du Nil. Et voici que sept vaches grasses sortaient du fleuve et paissaient dans le marécage. Ensuite sept autres vaches maigres sortirent aussi du fleuve et dévorèrent les précédentes. Le Pharaon, réveillé, se rendormit et eut un autre songe. Sept épis remplis de grain naissaient sur une tige unique; des épis vides poussèrent en même nombre et absorbèrent les épis remplis de grain.

14. Dès qu'il fit jour, le Pharaon, troublé, appela tous les devins de l'Égypte et leur raconta son rêve. Mais personne ne pouvait l'expliquer. Alors le grand échanson dit au roi : « J'avoue ma faute. Lorsque j'étais en prison avec le grand panetier, nous eûmes un songe la même nuit. Il y avait là un jeune Hébreu qui

nous en donna une explication véridique; car elle se réalisa ensuite. »

15. Le roi fit venir Joseph et lui raconta ses deux songes. Alors Joseph dit au Pharaon : « Ces deux songes ont la même signification. Les sept vaches grasses et les sept épis bien remplis représentent les sept années d'abondance que nous allons avoir. Quant aux sept vaches maigres et aux sept épis vides, ils indiquent un nombre égal d'années de disette qui suivront celles d'abondance. Par conséquent, ô roi, place à la tête de toute l'Egypte un homme sage et industrieux, qui mette en réserve une partie des récoltes dans les greniers publics et les garde soigneusement pour remédier à la disette. »

16. Le conseil plut au roi. Aussi dit-il à Joseph : « Y a-t-il en Egypte un homme plus sage que toi? Personne assurément ne remplira mieux cet office. Je te confie le soin de mon royaume. » Alors il ôta de sa main son anneau et le mit au doigt de Joseph. Il lui fit revêtir une robe de lin, lui mit au cou un collier d'or et le plaça immédiatement après lui sur son propre char. Joseph avait trente ans lorsqu'il reçut du roi la souveraine puissance.

17. Joseph parcourut toutes les parties de l'Egypte et durant les sept années d'abondance il recueillit une très grande quantité de blé. Une disette de sept années survint ensuite qui s'appesantissait sur toute la terre. Alors les Egyptiens, pressés par le manque d'aliments, vinrent demander au roi de les nourrir. Le Pharaon les adressait à Joseph. Celui-ci ouvrit les greniers et vendit du blé aux Egyptiens.

EXERCICE, V, § 15-17. — § 15. *Eadem res (idem) significatur in utroque somnio. — Rex septem vaccas pinguiores septemque spicas pleniores viderat. — Non erat in tota Ægypto homo sapientior aut magis industrius quam Josephus. — Publica horrea fruges servant.*

§ 16. *Secundum Josephi consilium sapiens, sapientius, sapientissimum erat. — Byssinam vestem Josepho dedit. — Torque et annulo aureo eum ornavit. Sum decem annos natus. — Rex collum ornat torquibus aureis et digitos annulis.*

§ 17. *Major ciborum copia in horreis omnium regionum erat. Fames unius anni fuit. — Ægyptus et universus orbis fame, inopia, egestate laborabant. — Frumentum in horrea Ægyptiorum congessit.*

18. Des autres pays, on venait aussi en Egypte pour acheter des denrées. Poussé par la même nécessité, Jacob y envoya ses enfants. Les frères de Joseph se mirent donc en route; mais le père retint à la maison le plus jeune qui s'appelait Benjamin; car

il craignait qu'il ne lui arrivât en route quelque accident. Benjamin était né de la même mère que Joseph ; aussi lui était-il plus cher que tous ses autres frères.

19. Les dix frères, quand ils furent en présence de Joseph, se prosternèrent devant lui. Joseph les reconnut, mais eux ne le reconnurent pas. Il ne voulut pas révéler immédiatement qui il était et les interrogea comme des étrangers : « D'où venez-vous et quel est votre but? » ils répondirent : « Nous sommes venus du pays de Chanaan pour acheter du blé. » — « Non pas, leur dit Joseph ; vos intentions sont agressives : vous voulez espionner nos villes et les places mal fortifiées de l'Egypte. » Ils répondirent : « Pas du tout ; nous n'avons aucune intention mauvaise. Nous sommes douze frères. Le plus jeune a été gardé à la maison par notre père ; un autre est mort. »

20. Ce qui tourmentait Joseph, c'est que Benjamin n'accompagnait pas ses frères. Aussi leur dit-il : « Je veux voir si vous dites vrai. Que l'un d'entre vous demeure comme otage auprès de moi, jusqu'à ce que votre plus jeune frère soit amené ici. Que tous les autres s'en retournent avec le blé. » Alors ils se mirent à se dire les uns aux autres : « Ce qui nous arrive est juste. Nous avons été sans pitié pour notre frère. Nous voici punis de ce crime. » Ils pensaient que Joseph ne comprenait pas ces paroles, parce qu'il leur parlait avec le secours d'un interprète. Mais lui se détourna un instant et pleura.

21. Joseph fit emplir de blé les sacs de ses frères et placer l'argent qu'ils avaient apporté à l'entrée des sacs. Il ajouta même des provisions pour le voyage. Ensuite il les renvoya, à l'exception de Siméon, qu'il garda comme otage. Ainsi partirent les frères de Joseph. En arrivant auprès de leur père, ils racontèrent tout ce qui leur était arrivé. Lorsqu'ils eurent ouvert leurs sacs pour verser le froment, ils furent étonnés de trouver leur argent.

22. Jacob, en apprenant que le gouverneur de l'Egypte mandait Benjamin, se plaignit en soupirant : « Vous m'avez privé de mes enfants : Joseph est mort, Siméon est retenu en Egypte, vous voulez m'enlever Benjamin. Tous ces malheurs retombent sur moi. Je ne laisserai pas partir Benjamin ; car si quelque accident lui arrive en chemin, je ne pourrai pas lui survivre et je mourrai sous l'accablement du chagrin. »

23. Quand ils eurent consommé les provisions qu'ils avaient ramenées, Jacob dit à ses fils : « Retournez en Egypte, pour acheter de la nourriture. » Ils répondirent : « Nous ne pouvons aller trouver le gouverneur de l'Egypte sans Benjamin. Car c'est lui-même qui a ordonné qu'on le lui amène. » — « Pourquoi,

demanda leur père, lui avez-vous parlé de votre plus jeune frère? »
— « C'est lui-même, dirent-ils, qui a voulu savoir si notre père
vivait et si nous avions un autre frère. Nous avons répondu à ses
questions. Nous ne pouvions pas deviner qu'il dirait : amenez ici
votre frère. »

24. Alors Judas un des fils de Jacob, dit à son père : « Confiez-
moi l'enfant. Je serai son gardien ; je vous le ramènerai. Si je ne
le fais pas, j'en supporterai la responsabilité. Si vous aviez voulu
le laisser partir immédiatement, nous serions déjà de retour. »
Le père, enfin vaincu, consentit. « Puisque c'est indispensable,
dit-il, que Benjamin parte avec vous. Portez à cet homme des
présents et un prix double, de peur que ce ne soit par erreur que
l'on vous ait rendu votre argent précédent. »

EXERCICE. V, § 22-24. — I. 1° Verbes de forme active : *audivit, fecistis, vultis, abducere, recidunt, dimittam, acciderit, potero, attule-
rant, dixit, ematis, responderunt, possumus, adire, jussit, adduci,
inquit, fecistis, inquiunt, interrogavit, viveret, haberemus, respon-
dimus, potuimus, praescire, dicturum esse, adducite.* — 2° Verbes de
forme et de sens passif : *arcessi, retentus est, oppressus, consumpti
sunt.* — 3° Verbes déponents : *questus est, mortuus est, moriar, pro-
ficiscimini, sciscitabatur.*

II. § 22. *Praefectus Aegypti filios Jacobi arcessit. — Oppressus sum
omnibus illis malis. — Cum dolore et gemitibus questus est.*

§ 23. *Nostri fratris mentionem fecistis. — Nostris fratribus cibos
adducere potuimus. — Ipse fratrem nostrum minimum iterum interrogavit.*

§ 24. *Benjaminus erat unus e filiis Jacobi. — His viris munus
deferte. — Mecum pueros illos servabo. — Culpa in vobis est. —
Reddite statim priorem pecuniam cum muneribus, ne forte in culpa
sitis.*

25. On annonça à Joseph que les mêmes hommes étaient arrivés et avec eux leur jeune frère. Joseph les fit introduire chez lui
et fit préparer un grand repas. Quant à eux, ils craignaient qu'on
ne leur reprochât l'argent qu'ils avaient trouvé dans leurs sacs;
aussi se disculpèrent-ils auprès de l'intendant de Joseph. « Nous
sommes, dirent-ils, venus ici une fois déjà. Rentrés chez nous,
nous avons trouvé le prix du blé dans les sacs; nous ne savons
comment cela s'est produit; mais nous avons rapporté cet argent. »
L'intendant leur dit : « Ayez bon courage (ne vous inquiétez
pas). » Ensuite il les conduisit auprès de Siméon qui était resté
en otage.

26. Joseph entra ensuite dans la salle où ses frères l'attendaient.
Ils se prosternèrent devant lui en lui offrant des présents. Joseph

les salua avec bonté et les interrogea. « Le vieillard dont vous êtes les enfants est-il en bonne santé? Vit-il encore? » Ils répondirent : « Notre père se porte bien ; il vit encore. » Joseph, ayant jeté les yeux sur Benjamin, leur dit : « Est-ce là votre plus jeune frère, qui était resté à la maison près de son père? » Et il reprit : « Dieu te soit favorable, mon fils. » Il s'en alla aussitôt, parce qu'il était ému et que ses larmes commençaient à couler.

27. Joseph, une fois revenu, fit servir les mets ; puis il les distribua à chacun de ses frères ; la part de Benjamin était cinq fois plus considérable que celle des autres. Le banquet terminé, Joseph chargea son intendant de remplir leurs sacs de blé, d'y remettre en même temps l'argent et, en outre, de cacher sa coupe d'argent dans le sac de Benjamin. L'intendant exécuta ponctuellement cet ordre.

28. Les frères de Joseph étaient partis, mais n'étaient pas encore loin de la ville, lorsqu'il fit venir son intendant et lui dit : « Cours à la poursuite de ces hommes et quand tu les auras rejoints, dis-leur : « Pourquoi avez-vous commis une injustice en retour d'un bienfait? Vous avez dérobé la coupe d'argent dont se sert mon maître. C'est une malhonnêteté. » L'intendant courut immédiatement après eux ; il leur reprocha le vol et leur fit voir l'indignité de cet acte.

29. Les frères de Joseph répondirent à l'intendant : « Ce crime est bien éloigné de nos intentions. Comme tu le sais, nous avons loyalement rapporté l'argent trouvé dans nos sacs : tant s'en faut que nous ayons volé la coupe de ton maître. Que celui qui sera découvert comme auteur de ce vol soit puni de mort. » Immédiatement ils mettent leurs sacs à terre et les ouvrent. L'intendant, après les avoir fouillés, trouva la coupe dans celui de Benjamin.

30. Alors les frères de Joseph, pleins d'affliction, reprennent le chemin de la ville. Amenés devant Joseph, ils se jetèrent à ses pieds. Il leur dit : « Comment avez-vous pu commettre ce forfait? » Judas répondit : « Je l'avoue ; la faute est manifeste. Nous ne pouvons présenter aucune excuse ; nous n'osons demander le pardon ni l'espérer. Nous serons tous tes esclaves. » — « Point du tout, dit Joseph ; celui dans le sac duquel la coupe a été trouvée sera mon esclave ; vous autres, vous retournerez librement auprès de votre père. »

31. Alors Judas, s'approchant de Joseph, lui dit : « Je vous prie, seigneur, écoutez-moi avec bonté. Notre père aime cet enfant plus que ses autres fils ; d'abord, il ne voulait pas le laisser partir. Je n'ai pu le fléchir qu'en promettant qu'il ne courrait aucun danger. Si nous retournons à notre père sans cet enfant,

le chagrin le tuera. Je vous prie et vous supplie de le laisser partir et de me prendre comme esclave à sa place. Je prends sur moi et je subirai le châtiment qu'il mérite. »

32. Cependant Joseph pouvait à peine retenir ses larmes. Aussi ordonna-t-il aux Égyptiens qui se trouvaient là de se retirer. Puis tout en pleurs, il s'écria d'une voix forte : « Je suis Joseph ! Mon père vit-il encore ? » Ses frères ne pouvaient lui répondre, tant la peur les troublait. Il leur dit avec douceur : « Approchez-vous de moi. Je suis Joseph, votre frère, que vous avez vendu à des marchands qui se rendaient en Égypte. Ne craignez rien : tout cela est arrivé par la volonté de la Providence, afin que je pourvoie à votre salut. »

EXERCICE, V. § 30-32. — 1º Compléments à l'ablatif : *mærore* (*mæror*), *venia* (*venia*), *eo* (*is*), *periculo* (*periculum*), *puero* (*puer*), *mærore* (*mæror*), *eo* (*is*), *qua* (*qui*), *voce* (*vox*), *timore* (*timor*), *providentia* (*providentia*).

2º Pronoms relatifs : *quibus* (dat. masc. plur. *fratres Josephi*); *apud quem* (acc. masc. sing. *ille*); *qua* (abl. fém. sing. *pœnam*); *quibus* (dat. masc. plur. *fratres*); *quem* (acc. masc. sing. *frater vester*).

3º § 30. *Nullam vestrorum scelerum excusationem afferre potuistis. — Invenit scyphos apud fratrem servi sui. — Ejus scelera sunt manifesta.*

§ 31. *Nolebat abire sine pueris. — Servitute dignus es. — Pueri ab omnibus periculis tuti erunt. — Hoc impetravi a domino meo.*

§ 32. *Hoc majore voce dixit. — Fratrem vestrum vendidistis mercatori eunti in Ægyptum. — Nolite amico respondere. — Nimius timor ejus fratrem perturbat. — Nimii timores eorum fratres perturbant.*

33. Joseph, après avoir ainsi parlé, embrassa son frère Benjamin et l'arrosa de ses larmes. Ensuite il embrassa aussi en pleurant tous ses autres frères. Alors seulement ils osèrent lui parler avec assurance. Joseph leur dit : « Retournez vite auprès de mon père ; annoncez-lui que son fils est vivant et qu'il est très puissant auprès du Pharaon. Persuadez-lui de venir s'établir avec toute sa famille en Égypte. »

34. La nouvelle de la venue des frères de Joseph parvint aux oreilles du roi. Il leur donna des présents à porter à leur père en leur faisant ces recommandations : « Amenez ici votre père et toute sa famille ; n'ayez pas grand souci de votre mobilier, car je vous fournirai tout ce dont vous aurez besoin et toutes les richesses de l'Égypte seront à vous. » Il envoya, en outre, des

voitures pour transporter le vieillard, les petits enfants et les femmes.

35. Les frères de Joseph revinrent en hâte auprès de leur père et lui annoncèrent que Joseph vivait et était le premier personnage de toute l'Egypte. A cette nouvelle, Jacob, comme éveillé d'un profond sommeil, demeura frappé de stupeur et refusa d'ajouter foi au récit de ses enfants. Mais quand il eut vu les voitures et les présents que Joseph lui envoyait, il se ressaisit et dit : « C'est pour moi une raison suffisante si Joseph vit encore. J'irai le revoir avant de mourir. »

36. Jacob, parti avec ses fils et ses petits-fils, parvint en Egypte et envoya Juda auprès de Joseph pour l'informer de son arrivée. Immédiatement Joseph alla à la rencontre de son père. Dès qu'il le vit, il s'élança à son cou et l'embrassa en pleurant. Alors Jacob s'écria : « J'ai assez vécu ! Je puis mourir tranquille, puisqu'il m'a été donné de jouir de ta vue et que je te laisse survivant. »

37. Joseph se rendit auprès du Pharaon et lui annonça l'arrivée de son père. Il présenta aussi au roi cinq de ses frères. Celui-ci leur demanda de quoi ils vivaient; ils répondirent qu'ils étaient pasteurs. Alors le roi dit à Joseph : « Tu es le maître de l'Egypte. Aie soin que ton père et tes frères habitent dans le meilleur pays et s'il s'en trouve parmi eux qui soient actifs et industrieux, confie-leur le soin de mes troupeaux. »

38. Joseph présenta aussi son père au Pharaon. Celui-ci, quand Jacob l'eut salué, lui demanda son âge. Jacob répondit au roi : « J'ai vécu cent trente ans et je n'ai pas atteint l'heureuse vieillesse de mes ancêtres. » Après avoir offert ses vœux au roi, il se retira. Joseph établit son père et ses frères dans la plus riche partie de l'Egypte et leur procura toutes les ressources en abondance.

EXERCICE, V, § 36-38. — 1º Pronoms personnels : *mihi, te, mihi, se*. — Démonstratifs : *eum, ejus, ei, eos, illi, eos, eis, eo, eo, eis*. — Possessifs : *suo, tuo, suam, suis, tua, tui, suum, meorum, suos*. — Interrogatifs : *quidnam, qua*. — Relatifs : *quem, qui*. — Indéfini : *qui (si qui)* pour *aliqui*.

2º § 36. *Profectus* (série du sup.), *pervenit* (parf.), *promisit* (parf.), *faceret* (prés.), *processit* (parf.), *vidit* (parf.), *insiluit* (parf.), *flens, flentem* (prés.), *complexus* (sup.), *vixi* (parf.), *moriar* (prés.), *frui* (prés.), *licuit* (parf.), *relinquo* (prés.). — § 37. *Adiit* (parf.), *nuntiavit* (parf.), *advenisse* (parf.), *constituit* (parf.), *interrogavit* (parf.), *haberent* (prés.), *responderunt* (parf.), *esse* (prés.), *dixit* (parf.), *est* (prés.), *cura* (prés.), *habitent* (prés.), *sunt* (prés.), *trade* (prés.).

*§ 35. Adduxit (parf.), salutatus (sup.), percontatus (sup.), respondit
(parf.), rivi (parf.), adeptus (sup.), precatus (sup.), discessit (parf.),
collocavit (parf.), suppeditavit (parf.).*

*3° § 36. Jacob promisit filios nepotesque suos.   Nepotem sibi
superstitem reliquit.   In colla filiorum et nepotum insiliit.*

*§ 37. Quinque e pastoribus coram Pharaone constituit. — Pecoris
mei cura magis industriis pastoribus tradetur.*

§ 38. Quæ ætate estis? — Mei avi senectus beatior fuit quam mea

---

CHAPITRE VI

Vocation de Samuel.

1. A l'époque où Héli était grand prêtre, naquit Samuel. Sa
mère l'amena au prêtre et l'offrit au Seigneur pour aider aux
sacrifices. L'enfant grandissait avec les meilleures dispositions
et se faisait aimer de Dieu et des hommes. Sa mère, à certaines
dates, lui apportait une petite robe qu'elle avait tissée elle-même.
Quant à Héli, il avait des fils perdus de vices, au point qu'ils
détournaient le peuple du culte de Dieu et jamais il ne leur fit
de sévères reproches. Aussi, Dieu était irrité contre les fils et
contre leur père.

2. Une nuit, tandis que Héli reposait sur son lit, le Seigneur
appela Samuel. Celui-ci, pensant que le grand prêtre l'appelait,
accourut et lui dit : « Me voici; car vous m'avez appelé. » Mais
Héli lui répondit : « Je ne t'ai pas appelé, mon fils; retourne te
coucher. » Le même fait se reproduisit une seconde et une troisième fois. Enfin, sur l'avertissement du prêtre, Samuel répondit
à Dieu qui l'appelait : « Parlez, Seigneur, car votre serviteur
écoute. » Alors Dieu dit à Samuel : « Je vais accabler la famille
d'Héli de tels malheurs, que personne ne pourra les entendre sans
en être abasourdi; car il a été trop indulgent pour ses fils et a
montré trop de patience pour leurs vices. »

3. Un profond sommeil s'empara ensuite de Samuel et il
dormit jusqu'au matin. Quand le jour parut, il se leva et ouvrit
comme de coutume la porte du tabernacle. Il n'osait pas révéler
au prêtre les paroles de Dieu. Mais Héli lui parla le premier :
« Je t'en prie et supplie, révèle-moi ce que Dieu t'a dit. Aie soin
de ne me rien cacher de tout ce que tu as entendu. » Samuel
obéit à cette injonction et lui répéta toutes les paroles du Seigneur. Héli répondit : « Il est le Seigneur; qu'il fasse ce qui lui
plaît. »

4. Peu après une guerre éclata entre les Philistins et les Hébreux. Les Hébreux portent au combat l'arche d'alliance et les fils du grand prêtre s'avancent avec elle. Mais, Dieu étant irrité contre eux, l'arche leur fut plus nuisible qu'utile. Les Hébreux furent vaincus, les fils du grand prêtre tués. L'arche elle-même fut prise. Héli, à la nouvelle d'un si grand désastre, tomba de son siège, se cassa le cou et mourut.

5. Samuel fut le dernier Juge des Hébreux. Son gouvernement fut extrêmement pacifique et paisible.

EXERCICE, VI, § 4-5. — 1º Mots de la troisième déclinaison : *Sacerdos, sacerdote, sacerdotum* ; *Samuel, e* : *indoles, e* (plur. rare): *homo, inis, inum* ; *mater, matre, matrum* ; *tempus, tempore, temporum* ; *mos, more, morum* ; *pater, patre, patrum* ; *sermo, one, onum* ; *fœdus, fœdere, fœderum* ; *clades, e, ium* ; *cervix, ice, icum* ; *judex, judicis, icum* ; *pax, pace* (sans plur.) ; *tranquillitas, ate, atum*.

2º Première conjugaison : *vocare, indicare, compellare, orare, indicare, celare, enarrare, administrare*. — Deuxième conjugaison : *habere, jacere, respondere, audere, cavere, jubere, parere, libere*. — Troisième conjugaison : *adducere, crescere, conficere, abducere, colere, reprehendere, arcessere, currere, dicere, officere, illucescere, surgere, facere, consuescere, procedere, decidere*. — Quatrième conjugaison : *audire, tinnire, dormire, aperire*.

3º Conjonctions de subordination : *cum*, lorsque ; *ut*, afin que ; *ut*, en sorte que ; *quin*, que ne, sans que ; *propterea quod*, parce que ; *uti*, comme ; *ne*, que ne ; *quia*, parce que.

4º § 4. *Paulo post sacerdotes cum arca procedunt.* — *Cognovit fœdus Philistæorum cum Hebræis.* — *Audita tanta clade, occidit et cervicem fregit.* — *Arca capta, Philistæi victi sunt.* — *Arca nobis adjumento fuit.*

CHAPITRE VII

La jeunesse de David.

1. Saül, après avoir méprisé les ordres de Dieu, fut envahi par l'esprit du mal, au point qu'il tombait souvent dans des accès de folie. Les courtisans lui conseillèrent de faire venir près de lui un joueur de lyre pour apaiser son humeur chagrine. On appela David, qui connaissait cet instrument et qui faisait partie de l'entourage du roi. Aussi chaque fois que l'esprit du mal s'emparait de Saül, David jouait de la lyre et la folie du roi s'apaisait.

2. On fit ensuite la guerre aux Philistins. Une fois que les deux armées furent en présence, un Philistin nommé Goliath, qui était d'une taille énorme, s'avança entre les deux lignes et se mit à provoquer souvent les Hébreux à un combat singulier. Il était revêtu d'une cotte de mailles; il avait aux jambes des jambières d'airain; un casque de bronze couvrait sa tête; un bouclier également de bronze protégeait ses épaules. Saül proposa de grandes récompenses à qui rapporterait les dépouilles de cet homme qui provoquait ses soldats. Mais personne n'osait sortir des rangs pour le combattre et Goliath reprochait insolemment et ironiquement aux Hébreux leur lâcheté.

3. David, touché de l'humiliation de son peuple, se présenta spontanément pour combattre. Aussi on l'amena devant Saül, qui, considérant son âge, se montrait peu confiant dans l'issue du combat. « Tu ne pourras, lui dit-il, jeune comme tu l'es, lutter contre un homme aussi vigoureux. » David répondit : « Ne craignez pas, ô mon roi; quand je faisais paître les brebis de mon père, un lion attaqua mon troupeau et enleva une brebis. Je le poursuivis, le tuai, et lui arrachai de la gueule ma brebis. J'ai tué de même un ours. Dieu qui m'a défendu contre ces animaux, me protégera encore contre ce Philistin. » Alors Saül lui dit : « Marche au combat avec cette espérance et que Dieu te soit en aide. »

4. Saül voulut revêtir lui-même David de ses propres armes; il lui mit son casque sur la tête, lui garnit la poitrine de sa cuirasse, et lui attacha son épée au côté. Mais David, gêné par cet armement dont il n'avait pas l'habitude, pouvait à peine marcher. Aussi mit-il à terre ce fardeau incommode; il prit seulement la houlette de berger, qui était son instrument ordinaire, et sa fronde avec cinq pierres dans son sac. Ainsi armé, il marcha contre le Philistin.

5. Goliath s'avançait de son côté. En voyant le jeune homme, il lui cria : « Tu me prends donc pour un chien, puisque tu viens m'attaquer avec un bâton? » David lui répondit : « Tu viens à moi avec le glaive, la lance et le bouclier; pour moi je me présente au nom du Dieu des armées, que tu as osé insulter. » Alors il lança avec sa fronde une pierre qui atteignit au front le Philistin et le renversa par terre. Accourant aussitôt, il enleva son épée au Philistin étendu sur le sol et lui coupa la tête.

6. Les Philistins, profondément troublés par cet événement, s'enfuirent et laissèrent la victoire aux Hébreux. On alla à la rencontre du vainqueur au moment de son retour. Les Hébreux

l'escortent jusqu'à la ville en le félicitant. Les femmes elles-mêmes, sorties de leurs maisons, chantaient ses louanges.

EXERCICE, VII, § 1-6. — 1° Comparatifs et superlatifs : *malus, pejor, pessimus ; ægrum, ægriorem, ægerrimum ; peritus, peritior, peritissimus ; robusto, robustiore, robustissimo.*

2° Noms communs : *mandata (-um) ; spiritus (-us) ; furorem (-es) ; aulici (-us) ; citharam (-as) ; animam (-os) ; artis (-ium) ; ministros (-um) ; furor (furores) ; bellum (-a) ; acies (-ies) ; conspectu* (plur. inusit.) ; *nomine (-ibus) ; magnitudinis (-inum) ; ordines (-em) ; certamen (-mina) ; loricā (-is) ; ocreas (-am) ; cruribus (crure) ; cassis (cassides) ; humeros (-um) ; præmia (-ium) ; spolia (-ium) ; ignominiam (-ia) ; irrisu* (plur. inusit.) ; *ludibrio (-iis) ; ignominia (-iis) ; populi (-orum) ; ætate (-ibus) ; pugna (-is) ; adulescentulus (-li) ; viro (viris) ; rex (reges) ; oves (ovem) ; patris (patrum) ; leo (-ones) ; gregem (-es) ; ovem (ores) ; faucibus* (sing. inusit.) ; *ursum (-os) ; leone (-ibus) ; urso (-is) ; fiducia* (plur. inusit.) ; *Deus (dei, dii ou di).*

3° § 4. *Philistæus galeā et loricā erat assuetus. — Processit cum pedo pastorali et funda. — § 5. Philistæo gladium et hastam et clipeum detraxit. — § 6. Mulier ipsa, domo egressa, ejus laudem canebat.*

CHAPITRE VIII

Histoire de Tobie.

1. Parmi les captifs qui furent emmenés en Assyrie se trouvait Tobie. C'était, depuis son enfance, un scrupuleux observateur de la loi divine. Tandis que tous les Hébreux allaient rendre un culte aux veaux d'or que Jéroboam, roi d'Israël, avait fait élever et avait proposés à l'adoration du peuple, lui seul se rendait au temple du Seigneur et l'y adorait.

2. Tobie, devenu un homme fait, se maria et eut un fils, auquel il apprit dès l'enfance à craindre Dieu et à s'abstenir de tout péché. Emmené en captivité, il conserva toujours la même fidélité à ses devoirs envers Dieu. Tous les biens qu'il pouvait avoir, il les distribuait chaque jour à ses compagnons d'exil, qu'il exhortait, par des avertissements salutaires, à honorer Dieu. Un nommé Gabélus ayant eu besoin d'argent, il lui prêta généreusement dix talents.

3. Plus tard, un nouveau roi monta sur le trône d'Assyrie, c'était un ennemi des Juifs : il les persécutait, les mettait à mort

et défendait de les ensevelir. Au milieu de cette malheureuse situation, Tobie visitait ses concitoyens, consolant les affligés, soulageant de ses biens les indigents, et ensevelissant les morts. On le dénonça au roi, qui ordonna qu'il fût mis à mort et que tous ses biens fussent confisqués. Mais Tobie se cacha ainsi que sa femme et son fils et échappa ainsi à la colère du roi.

4. Ayant préparé un banquet chez lui à l'occasion d'une fête, il envoya son fils inviter à déjeuner quelques-uns de ses compagnons. A son retour, son fils lui annonça que le cadavre d'un Israélite restait étendu sur une place publique. Tobie sortit aussitôt et rapporta secrètement chez lui le mort pour l'ensevelir de nuit. Ses amis lui déconseillèrent de rendre ce service. Mais Tobie, qui craignait Dieu plus que le roi, ne renonça pas à cette bonne action.

5. Tobie, fatigué par ce service qu'il rendait habituellement, s'appuya contre un mur et s'endormit. D'un nid d'hirondelle, des ordures tombèrent dans ses yeux durant son sommeil et le rendirent aveugle. Tobie supporta si patiemment ce malheur qu'on ne l'entendit jamais se plaindre et qu'il n'en honora pas Dieu moins fermement.

6. Tobie, pensant que sa fin était proche, fit venir auprès de lui son fils. « Écoute, mon fils, lui dit-il, les paroles d'un père qui t'aime tendrement. Garde-les gravées dans la mémoire, afin d'organiser sagement ta vie. Pense à Dieu chaque jour; évite de pécher contre lui et de négliger ses commandements. Aie pitié des pauvres, pour que Dieu ait pitié de toi. Dans la mesure de tes moyens, sois bienfaisant et généreux. Si tu possèdes de grandes richesses, donne beaucoup; si tu en as peu, donne peu, mais avec bonne volonté, parce que la bienfaisance délivre l'homme de la mort éternelle.

7. « Ne fais pas aux autres ce que tu ne veux pas qu'on te fasse à toi-même. Si quelqu'un exécute un travail pour toi, paie-lui immédiatement son salaire. Demande toujours conseil à un homme expérimenté. Ne t'associe pas à des gens malhonnêtes. Quand je serai mort, ensevelis mon corps. Honore ta mère en souvenir des peines qu'elle a éprouvées pour toi et de l'affection dont elle t'a entouré. Lorsqu'elle sera morte, mets-la avec moi dans le même tombeau.

8. Je t'avertis aussi, mon fils, que j'ai prêté dix talents d'argent à Gabélus, qui demeure maintenant à Ragès, ville de Médie. » Alors le jeune homme dit à son père : « Je ferai, mon père, tout ce que tu me commandes. Mais je ne conçois pas comment je pourrai recouvrer l'argent prêté à Gabélus. Car il ne me connait pas et

je ne le connais pas non plus ; je ne sais pas d'ailleurs le chemin
de la Médie. » Le vieux Tobie lui répondit : « J'ai un billet
de Gabélus. Aussitôt que tu le lui présenteras, il te rendra
l'argent. Mais procure-toi un homme dont tu sois sûr, pour te
guider. »

EXERCICE, VIII, § 1-8. — 1° a) Participes présents : *iniens*, com-
mençant ; *egens*, ayant besoin ; *consolans*, consolant ; *juvans*, aidant ;
sepeliens, ensevelissant ; *exsiliens*, s'élançant hors de ; *timens*, craignant ; *dormiens*, dormant ; *querens*, se plaignant. — b) *Exortus*,
ayant apparu ; *reversus*, revenu ; *mortuus*, étant mort ; *passus*, ayant
souffert. — c) *Deductus*, emmené ; *ductus*, conduit ; *nuntiatus*,
annoncé ; *defatigatus*, fatigué ; *factus*, fait.

2° Adverbes : *sedulo*, soigneusement ; *ibi*, là ; *semper*, toujours ;
cotidie, chaque jour ; *perhumaniter*, très généreusement ; *postea*,
plus tard ; *sic*, ainsi ; *statim*, aussitôt ; *occulte*, secrètement ; *noctu*,
de nuit ; *magis*, plus ; *forte*, par hasard ; *unde*, d'où ; *adeo*, tellement ; *patienter*, patiemment ; *eo minus*, d'autant moins ; *constanter*,
avec constance ; *penitus*, tout au fond ; *sapienter*, sagement ; *unquam*,
jamais ; *quantum*, combien ; *multum*, beaucoup ; *parum*, peu ; *libenter*, volontiers ; *etiam*, même ; *nunc*, maintenant ; *quomodo*, comment.

3° *Faciebat omnia quæ pater ei præcipiebat. — Quære hominem
fideliorem. — Ab illo homine istam pecuniam recipiam. — In quâ
urbe commoretur nunc Gabelus, ignoro.*

9. Tobie étant sorti trouva un jeune homme debout et prêt
à partir. Ne sachant pas que c'était un ange du Seigneur, il le
salua. « Connais-tu, lui dit Tobie, le chemin de la Médie ? » —
« Je le connais, répondit-il, et souvent j'ai été l'hôte de Gabélus,
qui habite en ce pays. » Tobie va raconter le fait à son père.
Celui-ci fit venir l'étranger et lui demanda s'il consentait à
accompagner son fils et à faire le voyage avec lui, promettant un
salaire. Le jeune homme répondit qu'il y consentait. Ainsi donc
ils partirent ensemble et le chien les suivit.

10. Tobie et l'ange parvinrent au fleuve du Tigre. Le jeune
homme s'en étant approché pour s'y laver les pieds, voici qu'un
poisson énorme s'élança comme pour le dévorer. A sa vue Tobie
épouvanté s'écria : « Seigneur, il se jette sur moi ! » L'ange lui
dit : « Saisis-le et tire-le à toi. » Le poisson, tiré sur la rive, s'agita
encore quelque temps et mourut. L'ange invita Tobie à mettre
de côté le fiel, comme étant un remède salutaire. Ensuite ils
firent cuire une partie de la chair, pour en manger durant le
voyage.

11. Quand ils approchèrent de la ville qu'on nomme Ecbatane, Tobie dit à l'ange : « Chez qui allons-nous loger dans cette ville? » L'ange répondit : « Il y a ici un de tes parents, nommé Raguel. Il nous donnera l'hospitalité. Il a une fille unique, que tu dois épouser. Demande-la à son père et ne doute pas qu'il n'accueille volontiers ta demande; car Dieu veut que tu fasses ce mariage, et tous les biens de Raguel seront ton héritage (te reviendront par droit d'héritage).

12. Raguel les reçut avec joie. En apercevant Tobie, il dit à sa femme : « Comme ce jeune homme ressemble à mon parent! » Puis se tournant vers ses hôtes : « D'où êtes-vous, bons jeunes gens? » Ils répondirent : « Nous sommes des Israélites de la ville de Ninive. » — « Connaissez-vous Tobie? » — « Nous le connaissons. » Alors Raguel commença à faire un grand éloge de Tobie. L'ange l'interrompit pour lui dire : « Tobie, dont tu parles, est le père de celui-ci. » Raguel, embrassant le jeune homme, lui dit : « Je te félicite, mon enfant; car tu es le fils d'un excellent homme. » La femme et la fille de Raguel se mirent à pleurer de joie.

13. Ensuite Raguel fit préparer un banquet. Au moment où il invitait ses hôtes à se mettre à table, Tobie lui dit : « Je ne mangerai ni ne boirai, à moins qu'auparavant tu ne me promettes ta fille. » Raguel lui répondit : « Dieu a certainement exaucé mes prières et il vous a amenés ici afin que ma fille épousât son parent. Aussi ne doute pas que je ne sois disposé à te la donner en mariage. » Ils prirent du papier, firent le contrat de mariage et se mirent à table en louant Dieu.

14. Raguel supplia Tobie de rester quinze jours chez lui. Tobie y ayant consenti pria l'ange de se rendre seul auprès de Gabélus et de recevoir de ses mains l'argent dû à son père. L'ange prit donc les chameaux et se rendit en hâte à Ragès. Il remit le billet à Gabélus, reçut de lui l'argent prêté et l'amena aux noces de Tobie.

EXERCICE. VIII. § 11-14. — *§ 11. Deversamur apud hunc virum, cognatum nostrum. — Uxoris tuæ pater te libenter excipiet. — Oportet Tobiam Raguelis filiam unicam uxorem ducere.*

§ 12. Novimus hunc adulescentem, cognatum vestrum. — Nostisne hujus optimi adulescentis hospites? — Adulescens conspicatus complexusque patrem collacrimare cœpit.

§ 13. Jussit cognatum suum comedere et bibere. — Noli dubitare quin preces tuæ auditæ sint a Deo. — Deus uxorem, quam tibi daturus est, huc adduxit. — Non comedam nisi prius meos cognatos laudaveris.

§ 14. *Sumpto camelo, ad nuptias Gabeli properavit. — Adduxit Ragem reddiditque ei patris ejus camelos. — Apud nos decem dies commoratus est.*

15. Cependant le vieux Tobie était anxieux et tourmenté du retard que mettait son fils à revenir. Mais surtout la douleur de la mère était inconsolable. Elle sortait tous les jours de la maison pour parcourir les chemins, par lesquels elle espérait que son fils reviendrait, afin de le voir revenir de loin.

16. Au bout des quinze jours, Raguel voulut retenir encore Tobie. Mais celui-ci lui dit : « Je t'en prie, laisse-moi partir au plus tôt ; car tu sais que mes parents se tourmentent à cause de moi. » Enfin, son beau-père l'ayant laissé partir, il revint avec sa femme vers son père. Chemin faisant, l'ange lui dit : « Dès que tu entreras à la maison, adore Dieu ; puis embrasse ton père et frotte-lui les yeux avec le fiel du poisson que tu as pris. Ses yeux guériront et ton père te verra avec joie ainsi que la lumière du ciel.

17. Tandis que Tobie approchait de la ville, sa mère était assise comme d'ordinaire au sommet d'une colline pour voir de loin. Elle l'aperçut qui arrivait et courut l'annoncer à son mari. Alors le chien, qui avait fait aussi le voyage, courut en avant et à son arrivée flatta de la queue son maître. Le père se leva aussitôt et, s'appuyant sur un serviteur, il alla à la rencontre de son fils ; il l'embrassa et ils se mirent tous deux à verser des larmes de joie.

18. Quand tous deux eurent adoré et remercié Dieu, ils s'assirent. Ensuite Tobie frotta les yeux de son père avec le fiel du poisson. Environ une demi-heure après, une taie semblable à la pellicule d'un œuf se mit à sortir de ses yeux. Le jeune Tobie la saisit et l'en retira. Le vieux Tobie recouvra aussitôt la vue. Tous, pleins de joie, louaient Dieu.

19. Ensuite Tobie raconta à ses parents les services que lui avait rendus son guide, qu'il considérait comme un homme. Aussi ils lui offrirent la moitié de l'argent qu'ils avaient rapporté. Alors il leur dit : « Je suis l'ange Raphaël, un des sept qui se tiennent auprès de Dieu. Le Seigneur m'a envoyé pour te guérir. » Sur ces mots, il disparut et ils ne le virent plus.

EXERCICE, VIII, § 15-19. — 1° Adverbes : *interea, præsertim, cotidie, quam primum, nunc, tunc, unde, procul, simul, confestim, deinde, statim.* — Prépositions : *in, ab, cum, ad, obviam, præ, post, ex, ante.* — Conjonctions de coordination : *sed, enim, et, atque,*

quare, nec (et non). — Conjonctions de subordination : *ut, statim
ut, dum, cum, quasi.*

2º § 15. *Mater filios suos redituros (esse) hac via sperabat. — Animi
magis anxii et sollicitiores fiebant. — § 16. Tobias piscis fel servabat,
quo patris oculos sanaret. — Pater tuus laetus te quam primum
conspiciet. — § 17. Servi, qui eos procul venientes videbant, confestim consurgere solebant. — Videbat urbem montiumque verticem.
— § 18. Post dimidiam horam, Tobias Deo gratias agebat. — Albu-
gines oculorum membranis ororum sunt similes. — § 19. Homo a
parentibus accipit plurima beneficia. — Dimidia pars pecuniae ab
itineris duce ablata est, qui non ultra comparuit.*

DEUXIÈME PARTIE

(RECUEIL DE TEXTES FACILES)

1. — Description de l'âge d'or.

1. Le printemps durait toujours. Les plus doux zéphyrs caressaient des fleurs qui naissaient d'elles-mêmes, toujours nouvelles et toujours parfumées. Les oiseaux dans les forêts et dans les plaines ne se taisaient jamais. Jamais le triste hiver ne contraignait le berger à quitter les champs pour s'enfermer dans sa chaumière.

2. Des fleuves de lait coulaient dans les campagnes et chacun y puisait autant qu'il voulait. La brebis venait avec le loup s'abreuver au même ruisseau. Les hommes ne faisaient aucun mal aux bêtes sauvages, ni les bêtes aux hommes. L'hameçon ne trompait pas les poissons; les cerfs en parcourant les plaines ou les forêts n'avaient pas à craindre les chasseurs.

3. La terre elle-même, sans aucun labour, sans aucune peine, produisait spontanément ses fruits. Les arbres fournissaient aux hommes une nourriture agréable. Les peuples, vivant dans la paix la plus profonde, ne se faisaient pas la guerre. Tous les hommes pratiquaient la vertu; personne ne cherchait à nuire à autrui pour obtenir les honneurs, les richesses ou les plaisirs.

4. Plût au ciel que j'eusse vécu à cette époque! Car dans la suite le genre humain devint moins vertueux, les bêtes sauvages plus cruelles et la terre elle-même moins fertile. L'hiver occupe actuellement une grande partie de l'année, la plupart du temps le ciel et l'éclat du soleil sont obscurcis par d'épais nuages. Tous les hommes, et les enfants eux-mêmes doivent travailler.

2. — La mouche et la fourmi.

1. LA MOUCHE. « Toi, fourmi, tu habites sous terre. Ta maison est étroite et obscure. Tu rampes sur le sol, cherchant péniblement ta nourriture. Mais moi, mes ailes m'emportent loin de

la terre. Je m'approche de la table des rois, sans y être invitée. Je goûte la première (de tous) les mets les plus exquis. Je me pose, quand il me plaît, sur les mains ou la tête du roi. »

2. LA FOURMI. « Je ne conteste pas la vérité de tes paroles. Mais pourtant ton impudence est haïssable aux yeux de tous. Les hommes préparent contre toi un grand nombre de drogues, parce que tous désirent ta mort et la destruction absolue de toute ta race. Les enfants t'attrapent et te torturent. Si tu es heureuse, comme tu le dis, ton bonheur dure peu, car tu vis seulement durant le temps où le soleil est chaud et les brises attiédies. Dès que les froids de l'hiver approchent, tu perds la vie. Pour moi, je travaille en été; mais en hiver, j'attends le retour du printemps en menant une vie exempte de trouble et de souci. »

THÈME D'IMITATION. 2, § 1-2. — § 1. *Maximus est formicarum labor. — Domus tua major meâ est, sed obscurior. — Musca accedebat ad manus regis. — Quaerit cibum exquisitiorem regum epulis. — Caput majus est; manus angustior. — Vidi muscas in capitibus regum.*

§ 2. Hic puer captat formicas. — Puto vitam harum formicarum, quae laborant, quietiorem et securiorem, feliciorem etiam vitâ muscarum. — Cum hic ventus flat, hiems gelida odiosumque frigus appropinquant. — Hujus generis formica odiosiores sunt odiosissimis muscis. — Hujus aestatis aura tepidior; hujus hiemis venti gelidiores erant. — Ipsae formicae eodem veneno delentur.

3. — L'homme et la statue.

1. Un homme avait chez lui la statue d'argile d'un faux dieu, qu'il avait héritée de son père. Il avait grande confiance en elle. Aussi l'ornait-il habituellement de couronnes et de guirlandes; il lui offrait des sacrifices à des jours déterminés et brûlait devant elle les parfums les plus précieux.

2. Il n'agissait pas ainsi sans raison; car il demandait avec instances la richesse à ce faux dieu. Longtemps il la réclama en vain : non seulement son patrimoine n'augmentait pas, mais il s'apercevait qu'il s'appauvrissait lui-même de jour en jour.

3. Enfin, irrité contre ce faux dieu, qui n'écoutait pas ses prières, il précipita cette statue de son piédestal élevé et la brisa. De la statue brisée, de nombreuses pièces d'or, qui y étaient contenues, s'échappèrent. Il les ramassa avec joie.

4. Ce petit récit nous apprend qu'on n'améliore les méchants ni par les supplications ni par la douceur, mais plutôt en les traitant durement. Ils ne font le bien que quand on les y force.

4 -- L'ombre de l'âne.

1. Démosthène, le plus éloquent des orateurs, faisait un discours dans une assemblée d'Athéniens. Il traitait les plus graves sujets, parlant de la paix et de la guerre. Les voyant peu attentifs, il résolut soudain de parler d'autre chose.

2. Il fit semblant de vouloir plaisanter et se mit à raconter une histoire bouffonne et dit : « Un homme, qui voulait aller d'ici à Mégare, loua un âne et son conducteur. Ils partirent d'Athènes après le coucher du soleil.

3. « Aussi étaient-ils encore en route lorsque le soleil se mit à devenir si ardent que le voyageur fut incapable de supporter cette chaleur excessive. Il ordonna donc à l'ânier de s'arrêter, sauta à bas de sa monture et s'assit à l'ombre de l'âne. Il pensait attendre ainsi plus commodément que la chaleur diminuât.

4. « Mais l'ânier se mit à crier qu'il lui faisait tort ; il avait loué son âne, disait-il, et non pas l'ombre de son âne. Le voyageur devait payer une nouvelle somme pour avoir le droit de se reposer à l'ombre de l'âne. Quant au voyageur, il prétendait avoir loué l'ombre avec l'âne. »

5. Durant ce récit de Démosthène, les Athéniens se montraient fort attentifs. Tous désiraient savoir comment s'était terminée cette discussion. Mais tout à coup Démosthène se tut. Comme on lui demandait de tous côtés de continuer son histoire, il s'écria : « Eh quoi ! citoyens, lorsque je vous entretiens de l'ombre d'un âne, vous écoutez avec attention, et lorsque je parle du salut commun, vous êtes distraits. »

5. La première nuit de Robinson dans son ile.

1. Personne d'entre vous n'ignore le nom de Robinson. Tous vous avez lu ou vous avez entendu raconter les aventures de sa vie. Vous avez peut-être vous-mêmes souhaité imprudemment son sort. Ce qu'il y a de sûr, c'est que (*certe*) votre désir de faire de longs voyages a été souvent sans aucun doute excité par ses aventures. Je crois cependant qu'aucun d'entre vous ne se rappelle ce qui lui arriva et quel danger il courut la première nuit, après le naufrage qui le rejeta sur le rivage de son ile. Par conséquent, enfants, écoutez ce que j'ai à vous raconter.

2. A l'approche de la nuit, le malheureux jeune homme imita les oiseaux qui placent leur nid dans le feuillage des forêts : il monta sur un arbre pour dormir, parce qu'il espérait que son sommeil y serait sans danger. Il y avait en effet à craindre dans

cette ile les bêtes sauvages qui errent ordinairement dans les
lieux solitaires pour y chercher une proie : les lions, les ours,
ainsi que les serpents. Il disposa soigneusement ses membres sur
les branches d'un arbre pour y dormir sans trop de gêne.

3. Fatigué par tous les étranges événements arrivés en cette
journée, il s'endormit bientôt. Son sommeil fut très profond. Le
naufrage du navire, la mort de ses compagnons, le rivage de la
mer où il était resté étendu, tout cela était sorti de sa mémoire.
Dans son rêve il voyait ses parents lui tendre les mains et les
bras; il lui semblait qu'il appelait tout haut sa mère et qu'il
courait la rejoindre.

4. Mais à cause de la joie illusoire que lui donnait ce rêve, il
tressaillit légèrement dans son sommeil et tomba de l'arbre.
Cependant il eut de la chance dans son malheur. Il avait en
effet choisi un arbre dont les branches n'étaient pas fort éloi-
gnées du sol. En outre la terre était revêtue d'un gazon moelleux.
Il demeura quelques instants étendu sous l'arbre, parce que,
réveillé en sursaut, il ne sut tout d'abord où il se trouvait.

5. Bientôt il se releva. N'étant gravement blessé dans aucune
partie du corps, il ne ressentait pas de bien grande souffrance.
Aussi retourna-t-il à son perchoir. Toutefois, rendu plus pré-
voyant par le danger, il eut soin de tenir tout en dormant, avec
ses mains et ses bras, quelques branches, jusqu'à ce que les premiers rayons du soleil levant le réveillèrent. Comme à ce moment
la faim le pressait fortement, il sentit qu'il lui fallait d'abord se
mettre en quête de nourriture, car il en avait été complètement
privé la veille.

6. — La chenille et le limaçon

1. Le limaçon et la chenille menaient ensemble une vie très
heureuse. Tous deux, à vrai dire, étaient si laids, qu'ils donnaient
presque le frisson à ceux qui les regardaient. Néanmoins, ils

avaient lié amitié entre eux; ils habitaient sous le même toit; rampant dans l'herbe, ils se nourrissaient des mêmes aliments.

2. Mais bientôt la chenille se mit à s'entourer d'un cocon. Le limaçon, abandonné par son amie, ne comprenait pas ce qui se passait et arrosait constamment de ses larmes le nid où dormait son amie.

3. Peu de temps après sortit du cocon, non pas l'affreuse chenille que le limaçon avait connue autrefois, mais un papillon, resplendissant des plus belles couleurs. A cette vue, le limaçon, qui en croyait à peine ses yeux, voulut féliciter son amie de cette métamorphose.

4. Mais il n'avait pas encore, en raison de son étonnement, ouvert seulement la bouche que le papillon s'écria : « Éloigne-toi de moi, vilain animal! » et il s'envola. Le limaçon ne revit jamais depuis son amie, sinon de loin, tandis qu'elle voltigeait parmi les prés autour des fleurs.

5. Il faut avouer que cet orgueil du papillon ne doit pas être loué. Mais qui nierait que la même chose arrive parfois chez les hommes? Bien des gens, devenus riches, laissent de côté leurs amis plus pauvres qu'eux ou même font semblant de ne les avoir jamais connus.

7. — Les voyageurs et le trésor.

1. Trois voyageurs, entrés dans une caverne, y trouvèrent un trésor considérable que des larrons y avaient entassé. Il est difficile de dire quelle fut leur joie.

2. Alors le plus âgé d'entre eux se mit à dire : « Restons dans cette caverne et partageons entre nous le trésor que nous avons découvert. Mais nous avons faim. Avant donc de procéder au partage de ces richesses, il faut que le plus rapide marcheur d'entre nous aille à la ferme voisine la plus proche acheter des provisions. »

3. « J'irai, répondit le plus jeune, et mon absence ne sera pas longue. » Aussitôt il part. Mais tout en marchant rapidement, il se mit à réfléchir au moyen de s'emparer tout seul du trésor découvert.

4. Il avait beau former toutes sortes de projets dans sa tête, il ne voyait pas comment, à lui seul, il pourrait faire disparaître ses deux compagnons. Il n'avait pas encore arrêté son plan (litt. quelle chose il devait faire) lorsqu'il parvint à la ferme.

5. Là en apercevant justement les provisions qu'il avait mission d'acheter, il eut une inspiration (projet) soudaine : « Je vais

servir à mes compagnons des aliments empoisonnés. Quand ils seront morts, je resterai seul possesseur des richesses que nous avons trouvées. »

6. Les deux voyageurs restés dans la caverne avaient de leur côté formé un projet analogue, pour empêcher que le trésor ne fût divisé en trois parts. Ils avaient résolu d'assassiner, à son retour, leur compagnon qui était allé acheter des provisions.

7. Celui-ci revint avec un air tout joyeux, afin de mieux dissimuler son projet criminel. A peine avait-il mis le pied dans la caverne qu'il fut assailli aussitôt par ses compagnons. Criblé de blessures, il mourut.

8. Les meurtriers, pressés par la faim, saisirent bientôt de leurs mains avides (jetèrent leurs mains avides sur) les provisions qu'il avait apportées. Mais le poison se répandant aussitôt dans leurs veines, ils furent l'un et l'autre torturés par d'horribles souffrances. Dans l'espace de quelques heures, ils perdirent eux-mêmes la vie.

THÈME D'IMITATION. 7. § 5-8. — § 5. *Mittitur ad emendos cibos.* — *Apponit socio cibum veneno infectum.* — *Scio quid illi faciendum sit.* — *Consilia vestra nimis subita sunt.*

§ 6. *Consilia nostra simillima sunt.* — *Thesauri pars in speluncis manet.* — *Tres illi socii thesaurum dividunt ad emendos cibos.*

§ 7. *Eorum vultus hilarior est quam eorum socii.* — *Consilia vestra scelerata erant.* — *Celat vulnus suum; celant vulnera sua.* — *Ejus socii eum statim vulneribus in spelunca confodiunt.*

§ 8. *Venenum statim in corpora interfectorum permeat.* — *Illi dolores magis horrendi sunt.* — *Uterque cruciatur horrendo totius corporis dolore.* — *Cibum arripit statim avida manu.* — *Thesaurus juxta manus tuas est.* — *Interfectoris vitam venenum finivit.* — *Utriusque manus avidissimæ sunt.*

8. — Le lion et la grenouille.

1. Le lion, entendant les cris que la grenouille lançait de toute sa voix et la bouche grande ouverte, en fut d'abord très effrayé. Il croyait en effet que ce cri si puissant provenait d'un très gros animal. S'étant rassuré, il se mit à regarder autour de lui et se disposa à lutter contre ce braillard.

2. Mais tandis qu'il repassait dans son esprit ses victoires et cherchait à retrouver son antique courage, il aperçoit soudain une grenouille qui, venant de l'étang voisin, s'avançait en rampant parmi les joncs. Honteux et plein d'indignation à la pensée qu'il avait pris peur inutilement pour un motif si futile, il l'écrasa sous son pied.

3. On croit facilement dignes d'admiration des gens qui se vantent audacieusement. Mais quand on connaît leur conduite, on renonce aussitôt à les admirer.

9. — Les deux grenouilles.

1. Deux grenouilles habitaient le même marécage. Ce marécage ayant été mis à sec par la chaleur du soleil, comme il arrive ordinairement en été, elles quittèrent leur séjour et se mirent en quête d'un autre.

2. Elles arrivèrent à un puits profond. « Nous serons à l'aise ici, dit l'une; il ne nous sera pas facile de trouver meilleur endroit. » L'autre répondit : « Cet endroit me plaît, à moi aussi; mais avant d'y sauter, il faut examiner comment nous sortirons ensuite de ce puits. »

3. « Tu as raison, dit celle qui avait parlé la première, et ton avertissement est sage. Je sais qu'il ne faut rien entreprendre au hasard; car je me rappelle que le bouc qui était descendu dans un puits y fut laissé par le renard et ne put s'en tirer. »

10. — L'île des bossus.

1. Il y avait autrefois une île dont les habitants étaient caractérisés par leur bosse : tous absolument naissaient conformés de la même manière; jamais on n'avait vu personne dans cette île qui ne portât sur le dos cet ornement.

2. Un homme, à la suite d'un naufrage, aborda dans cette île : il marchait en tenant le corps droit : ses épaules tombaient régulièrement des deux côtés. Il se fit autour de lui un grand rassemblement de gens frappés de stupeur; on se le montrait du doigt : on l'accueillait avec des rires ou des injures, comme s'il s'agissait d'un monstre.

3. Il se trouva là pourtant un philosophe, plus humain que tous ses concitoyens, qui écarta la foule et s'écria : « Que signifie cette grossièreté, ô citoyens? Allez-vous tourmenter longtemps cet étranger innocent? Quelle raison avez-vous de croire qu'il a été privé, pour avoir commis un crime, de l'honorable bosse que nous portons?

4. « Ne devons-nous pas plutôt le prendre en pitié, lui qui se trouve dépourvu de cet ornement départi à tout le monde, qui fait notre joie et notre fierté? » — Ne raille ni ne méprise les autres, de peur de paraître toi-même beaucoup plus ridicule et méprisable qu'eux.

32   TEXTES LATINS DE SIXIÈME

11. — L'innocent justifié.

1. Un laboureur habitait une pauvre chaumière avec sa femme et son fils âgé de onze mois. Le père et la mère, obligés de s'absenter de chez eux pour quelques heures afin de cultiver leur petit jardin, ne voulurent pas laisser dormir leur petit enfant seul dans son berceau : ils le confièrent à la garde de leur chien.

2. Quelque temps après leur départ, un serpent, qui était resté caché dans l'angle de la maison, s'approcha en rampant du berceau. Les yeux hors de la tête, le cou enflé, la gueule ouverte de façon terrible, il allait sauter sur le petit enfant.

3. Mais le chien, sans s'effrayer, s'élança et ses aboiements menaçants attirèrent sur lui la rage de l'horrible animal. Ensuite, par sa résistance courageuse, non seulement il fit reculer son adversaire, mais encore il le tua en lui mordant énergiquement le cou.

4. Dans la lutte le berceau avait été renversé et avait recouvert le serpent en train de mourir. Aussi, quand le père de famille rentra à la maison avec sa femme, il ne vit que le berceau renversé et le bébé qui geignait nu sur le sol.

5. Saisi d'une colère soudaine et croyant que le chien est seul responsable de l'accident, il oublie ses anciens services et le saisit immédiatement. Il l'entraîne vers la rivière, lui attache au cou une lourde pierre et se met en devoir de le jeter à l'eau.

6. Mais il ne s'attendait guère à ce qui se produisit (la chose réussit autrement qu'il n'avait pensé). Une glissade le fit tomber lui-même dans l'eau. Il allait y périr, quand (si ce n'est que) le chien, qui avait pu se débarrasser de ses liens mal assujettis, sauta dans l'eau profonde et en nageant ramena son maître à la rive.

7. Sauvé ainsi par son chien, le paysan ne voulut pas faire périr un compagnon si fidèle : il lui fit grâce et le ramena à la maison. Dès qu'il y fut de retour, il apprit de sa femme ce qui s'était réellement passé. Elle avait, en effet, trouvé le serpent et s'était rendu compte de ce qui était arrivé.

8. Ce récit nous apprend qu'il ne faut rien faire inconsidérément, de peur que nous n'ayons bientôt à nous repentir de notre précipitation.

THÈME D'IMITATION. 11, § 5-8. — § 5. *Canis innocens, innocentissimus erat.* — *Grave saxum meo collo alligatum est.* — *Priora eorum merita novimus.* — *Conatur nos in flumen dejicere.*

§ 6. *Pedum vincula laxissima erant. — Canes domini nostri nant in altioribus fluminibus. — Canum pedes lapsi sunt. — Ipsi rem scimus. — In altissimis fluminibus nabat. — E laxo vinculo se aliter expedivit.*

§ 7. *Canis revera comites nostros servavit. — Rusticus comitis sui cani veniam dat. — Rustici comitum suorum canibus veniam dant. — Canis benevolus rusticum ejusque omnes comites servat. — Occisa serpente, canis a rusticis domum reductus est.*

§ 8. *Tempus breve, brevius, brevissimum est. — Fabula vestra brevis, brevior, brevissima est. — Ejus festinatio nimia erat.*

12. — Le lièvre et l'alouette.

1. Une alouette habitait un buisson sous lequel était dissimulé le gîte d'un lièvre. Tous deux étaient liés d'une étroite (grande) amitié. Souvent pourtant des discussions s'élevaient entre eux, mais sans importance, comme il arrive fréquemment entre amis.

2. L'alouette reprochait généralement à son ami sa poltronnerie. « Tu ne peux nier, disait-elle, que tu es sans cesse rempli d'une vaine terreur. Un paysan n'a qu'à se montrer au loin dans la campagne, tu crains immédiatement que ce ne soit un chasseur et qu'il ne vienne pour te tuer.

3. « Si tu vois un aigle planer dans les airs, immédiatement tu te blottis dans ton gîte ou tu crois devoir t'enfuir à toutes jambes sans t'arrêter, jusqu'à ce que tu sois à bout de forces.

4. « Lorsqu'un rameau craque ou que le vent gémit, tu frissonnes de tous les membres. Lorsqu'un chien aboie au loin, oh ! alors, tu meurs de peur. N'as-tu pas honte d'une pareille poltronnerie ? Pourquoi ne te rappelles-tu pas plutôt que la fortune favorise les audacieux ? »

5. A ces reproches, le lièvre répondait : « J'avoue sans doute que tu ne manques pas d'audace ni même de courage, s'il faut donner ce beau nom à ta témérité. Mais prends garde (fais attention de peur que), je te prie, de rehausser maladroitement à l'aide de termes mensongers ce qui ne mérite nullement les louanges.

6. « A peine le soleil est-il levé, tandis que moi-même, les oreilles dressées de temps à autre, je broute l'herbe humide de rosée non loin de mon gîte, toi, tu quittes ce buisson et prenant ton essor vers le ciel, tu chantes en pleine lumière d'une voix si forte et si claire que tous t'entendent, tous te voient.

7. « Que signifie ce (si) grand tapage, par Hercule, je n'en sais rien ; à moins que tu ne veuilles attirer plus rapidement sur nous

l'épervier de la forêt voisine et ranimer l'espoir dans le cœur du chasseur. J'avoue que mes craintes ne méritent pas de compliments, mais ce qu'a dit je ne sais quel philosophe me plaît fort : « Celui qui a su bien se cacher, a bien vécu. »

13. — La sauterelle et les poissons.

1. Dans un pré vivait une sauterelle, qui, toujours désireuse de voir du nouveau, affichait le mépris du danger. Non seulement elle se posait volontiers au sommet des brins d'herbe, mais elle s'avançait comme sur un pont le long des roseaux qui se penchaient sur les ondes.

2. En effet, un ruisseau très limpide coulait rapidement à travers la prairie. Son grand plaisir était de voir de là-haut les poissons nager vers la rive et se poursuivre les uns les autres ou les petits cailloux briller au fond de l'eau.

3. Bien plus, elle prétendait avoir vu beaucoup d'autres phénomènes surprenants. Elle se vantait d'avoir lié amitié avec les poissons, ces ennemis traditionnels des sauterelles. Si parfois le roseau sur le sommet duquel elle se posait volontiers était agité par le vent, elle disait que c'était un plaisir qu'on ne pouvait imaginer.

4. En un mot, elle faisait tout pour exciter l'admiration des sauterelles. Elle affirmait que les autres, à cause de leur timidité excessive, n'avaient jamais pu savoir ce que c'était que le vrai bonheur.

5. Plus d'une fois elle était tombée dans l'eau, mais grâce à un heureux hasard, elle avait toujours pu s'en tirer, tantôt en nageant, tantôt en volant. Ces accidents avaient accru extraordinairement son audace et son orgueil. Aussi, bien comme de la plupart des sauterelles de la prairie, elle excitait même chez un bon nombre l'admiration et le désir de l'imiter.

6. Pour exciter les autres à l'audace, elle répétait souvent : « La fortune favorise les audacieux, » comme si elle avait lu Virgile lui-même. Mais un jour, au lever du soleil, à l'heure où les poissons s'approchent ordinairement de la rive pour chercher leur nourriture, elle tomba de nouveau dans l'eau, et qui plus est, à la renverse.

7. Comme les poissons arrivaient rapidement en nageant et ouvraient déjà des bouches menaçantes, elle leur criait d'avoir pitié d'elle, de ne pas la dévorer, mais de la transporter plutôt vers la rive. On raconte qu'elle fut la proie d'une grenouille qui était aux aguets à fleur d'eau parmi les roseaux de la rive.

8. Sa mort fut pour toutes les autres une profitable leçon. Car son malheur enseignait à toutes qu'il faut éviter l'audace non moins que l'orgueil.

THÈME D'IMITATION, 3, § 5-7. — § 5. *Pleræque locustæ (ou locustarum) volant atque nout. — Audacia et superbia hæ mihi minime ignotæ sunt. — Felici quodam casu nando evadit.*

§ 6. Piscis ad ripam adnatat vix orto sole. — Quâ horâ pisces cibum quærunt? — In aquam supini labebantur. — Dictitabat a se Vergilium sæpe legi. — Dictitat audaces fortuna juvari.

§ 7. Pisces ad ripam celerius adnatant quam ranæ. — Rana clamat, os summâ aquâ inter juncos aperiens. — Pisces ranarum non miseret. — Narrant locustam a piscibus vectam esse ad juncos.

14. — Le poète et ses amis.

1. Un poète, qui souffrait de la goutte, s'était retiré dans sa maison de campagne à quelques milles de Paris. Il y invita deux poètes de ses amis pour se distraire en conversant avec eux. Ils arrivèrent le soir et se mirent aussitôt à table.

2. Traités fort bien par leur hôte, qui leur avait fait préparer un excellent repas, ils burent tant et si bien (tant de coupes) qu'ils s'enivrèrent. Puis, à la manière des poètes, ils se mirent à déplorer les misères de l'existence. Finalement, ils résolurent de se rendre sur les bords de la Seine pour se noyer.

3. Leur hôte, qui, en raison de sa maladie, avait bu plus modérément, essaya en vain de les dissuader ; il fit alors semblant de se rallier à leur résolution désespérée : « Vous feriez, leur dit-il, une chose peu digne de notre amitié, si vous vouliez sortir de la vie en me laissant ici. Permettez-moi (ne veuillez pas me repousser) de vous accompagner dans la mort. »

4. Les deux poètes, tournant vers leur hôte des yeux pleins de larmes, déclarèrent qu'une semblable preuve d'amitié les touchait profondément : « Vous êtes, lui dirent-ils, vraiment digne de mourir avec nous. » — « Mais, reprit l'autre, la goutte m'empêche de me rendre cette nuit au fleuve avec vous.

5. « Pourquoi ne différez-vous pas la chose jusqu'à demain? J'espère qu'une fois remis par le repos de cette nuit, je vous suivrai plus facilement. J'aurai soin de vous faire éveiller dès l'aurore. » Les autres déclarèrent qu'ils ne pouvaient rejeter une demande si juste (refuser à lui demandant une chose juste).

6. Ils allèrent donc se coucher. Dès l'aurore, le domestique de leur hôte vint les réveiller. Mais comme, sous l'influence du vin

et d'un plantureux repas, ils étaient plongés dans un profond sommeil, peu s'en fallut que dans leur colère, ils ne bâtonnassent le domestique qui (parce qu'il osait troubler leur repos de si grand matin.

7. Ayant complètement oublié leur projet, ils furent fort étonnés quand leur hôte vint leur représenter que leur dernière heure était arrivée, ainsi qu'ils l'avaient eux-mêmes décidé. — Il est souvent utile de remettre au lendemain l'exécution des résolutions dangereuses.

15. — La mort de Bègue.

1. Bègue, après avoir tué le sanglier, promena les yeux autour de lui sur la forêt, mais ne put reconnaître l'endroit où il se trouvait. Son cheval, épuisé de fatigue, était couché dans l'herbe. Ses chiens, presque tous éventrés par les défenses du sanglier, gisaient à terre.

2. La nuit approchait et la forêt s'emplissait d'ombre. Partout la solitude, partout le silence ; impossible de savoir de quel côté aller. Aussi, pour appeler ses compagnons, restés en arrière, il saisit sa trompe et en sonna plusieurs fois.

3. Mais ceux qu'il comptait diriger vers lui ne l'entendirent pas ; au contraire, le son arriva aux oreilles des serviteurs de son ennemi, qui étaient chargés de surveiller la forêt. Ils accoururent auprès de lui et, comme ils le connaissaient et le haïssaient depuis longtemps, ils s'élancèrent sur lui l'épée à la main.

4. Bien qu'ils fussent six contre un, ils comprirent immédiatement que la victoire ne leur serait pas facile. Car Bègue, pour résister plus facilement, s'était appuyé au tronc d'un arbre de manière à n'être pas pris à revers. Voyant qu'avec leurs épées ils n'auraient pas raison de son courage (qu'à cause de son courage, la chose ne pouvait être réglée avec les épées), ils envoyèrent l'un d'entre eux chercher des archers.

5. C'est ainsi qu'ils triomphèrent par la ruse de celui qu'ils n'avaient pu vaincre par la force. Le corps de Bègue, dépouillé de ses armes, fut abandonné dans ce lieu désert. Cependant le feu s'éteignait peu à peu ; il commençait à pleuvoir ; les chiens blessés poussaient de lugubres hurlements. Quant aux vainqueurs, exultant de joie, ils entrèrent chez eux en chantant à travers les ténèbres de la nuit et de la forêt.

16. — Lettre d'un écolier au temps de Néron.

1. Emile salue son ami Antoine. — Le temps des vacances, que nous attendions depuis longtemps, n'est pas éloigné maintenant. Je quitterai bientôt Rome. Tous mes condisciples se réjouissent avec moi. Mais je crois être de ceux qui ont le droit d'être contents pour avoir donné toute satisfaction à leurs maîtres par leur travail et leur application.

2. Je vois pourtant quelques paresseux qui ne se réjouissent pas moins. Bien que leur satisfaction me paraisse sincère, je ne laisse pas de penser que la conscience d'avoir toujours fait son devoir augmente beaucoup le contentement. La joie éprouvée par un élève appliqué devient plus pure et plus complète lorsque les vacances approchent, bien qu'il ne la témoigne peut-être pas aussi ouvertement.

3. J'ai commencé cette année l'étude du grec. Je me réjouis à la pensée que dans peu de mois je serai à même de lire les œuvres des écrivains illustres qu'on vante souvent en ma présence (moi entendant). Mais surtout je désire travailler avec application pour contenter mes parents auxquels je dois tant de reconnaissance.

4. Mes parents vont m'emmener à Baïes. C'est là, comme tu le sais, que les plus nobles Romains se rendent quand les chaleurs de l'été les obligent à quitter Rome. Tu n'ignores pas combien la campagne y est agréable et les champs fertiles. La magnificence des maisons et des jardins fait que tout y paraît créé exprès pour le plaisir des yeux. Et que dire de la mer? (Que faut-il que je dise?)

5. Qu'il est agréable de contempler la mer azurée et la foule qui se promène sur la plage (sur le sable le long du rivage) depuis l'aube jusque fort avant dans la nuit! L'empereur y sera cette année encore avec sa mère. Mais nous autres, nous n'irons pas voir les spectacles qu'il a, dit-on, l'intention de donner. Ils déplaisent à mon père; il répète que c'est une honte et une chose indigne de nos ancêtres; en effet, beaucoup de gladiateurs y combattront et s'entretueront.

6. Mais je me rends compte que je dis là des choses qu'il faut taire : par conséquent, très cher ami, ne répète cela à personne. Détruis ma lettre aussitôt que tu l'auras lue. Je sais que de tels propos sont dangereux, qu'ils excitent la colère de l'empereur et qu'ils ont déjà causé la mort de bien des gens. Mais j'ai confiance en toi, j'ai confiance aussi en Géta, notre fidèle et excellent esclave, qui te portera cette lettre.

7. Je reviens aux plaisirs des vacances. Cette année je vais apprendre à nager dans la mer. C'est mon plan et je l'exécuterai. Mais je ne creuserai et n'entasserai plus le sable de la plage avec le même plaisir qu'autrefois. Plus j'avance en âge, moins je prends de plaisir à ces amusements enfantins. — Porte-toi bien, et sois persuadé que je n'ai rien de plus cher que toi, à l'exception de mon père et de ma mère.

THÈME D'IMITATION. 16. § 4-6. — § 4. *A parentibus de industria Baïas ducar. — Nimii æstatis calores nobiles Romanos ex urbibus ad mare expellunt. — Rura amœnissima sunt et fertilissima.*

§ 5. Cærulea maria nemini displicent. — A prima aurora in arena propter litora ambulo. — Majores nostri dictitabant hoc spectaculum flagitiosissimum esse. — Princeps cum matre sua Baïis ambulat.

§ 6. Hoc est tacendum. — Periculosiora verba dicit. — Servi nostri meliores fidelioresque sunt quam vestri. — Optimis servis fido. — Talibus verbis iram principi movet. — Servi illi nobis cari sunt. — Periculosissima sunt illæ litteræ. — Hæc epistola mortis eorum causa fuit.

17. — Damon et Phintias.

(PREMIÈRE PARTIE : *Deux vrais amis.*)

. 1. Il faut toujours tenir ses promesses, à moins qu'on ne les ait faites sous l'empire de la crainte. En effet, le fondement de la justice est la loyauté, qu'il faut toujours respecter. On cite de fort beaux exemples de cette vertu. C'est ainsi que Régulus aima mieux revenir s'offrir à une mort certaine, plutôt que de manquer de parole à un ennemi. De tels exemples font honneur au genre humain.

2. Non moins admirable est le récit qui concerne deux philosophes pythagoriciens, Damon et Phintias. Il existait entre eux une amitié peu ordinaire, une amitié véritablement parfaite, qui s'était trouvée accrue encore d'une façon surprenante par le fait qu'ils avaient même âge, même caractère et mêmes goûts.

3. Damon ayant déplu à Denys, tyran de Syracuse (des Syracusains), celui-ci l'accusa de conjuration. Il fut condamné à mort et le jour de son exécution fut fixé. Le philosophe, voyant que le tyran était implacable, demanda seulement quelques jours de liberté pour recommander ses enfants à des amis, leur partager ses biens et régler quelques affaires en un cas si pressant.

4. Phintias s'offrit comme otage et se remit entre les mains du tyran comme caution du condamné à mort. Il fut convenu que si

l'autre ne revenait pas, Phintias serait exécuté. On accorda trois jours à Damon. Avant de partir, celui-ci, tout en larmes, embrassa avec effusion son ami et lui jura qu'il serait de retour avant l'heure fixée pour le supplice.

(IIe PARTIE : *Le retour.*)

5. Damon, débarrassé de ses liens, part immédiatement pour une propriété éloignée où il avait des affaires à régler. Quand elles furent terminées, il reprit en toute hâte le chemin de Syracuse. Il craignait, en effet, d'être retardé par les chemins que la grande pluie de la nuit précédente avait détrempés.

6. Il avait déjà parcouru une assez grande partie du chemin, lorsqu'il arriva à une rivière dont le pont avait été emporté par une crue démesurée (au delà de la mesure). Il ne vit aux environs aucune embarcation qui pût le transporter sur l'autre rive. Il ne semblait pas prudent de s'engager dans la rivière et il n'osait affronter un pareil danger. Ce n'est pas qu'il craignît pour lui-même la mort, mais il savait que sa vie était indispensable pour sauver celle de Phintias.

7. Assis sur la berge, il s'abandonna d'abord aux larmes et aux gémissements. Il songeait que la moitié de la journée s'était écoulée déjà ; même s'il passait sans retard la rivière, il arriverait difficilement pour l'heure fixée. Enfin, quoiqu'il n'eût aucun espoir de salut, il pensa qu'il était de son devoir de s'élancer dans l'eau profonde. Contrairement à son attente, il réussit à traverser la rivière à la nage ; mais, mort de fatigue, il resta étendu quelque temps sur l'autre rive avant de reprendre sa route.

8. Il lui fallut ensuite traverser une forêt. Lorsqu'il fut parvenu au milieu, des brigands se jetèrent sur lui. Mais le désespoir lui donnant des forces, il tira son épée et, après avoir tué un de ses agresseurs, il mit les deux autres en fuite.

9. Sorti de la forêt, il redoubla de diligence. Mais en raison de la fatigue du voyage et de la chaleur excessive du soleil, il fut saisi d'une soif intense. Ses forces s'épuisaient ; tout son corps commençait à chanceler de côté et d'autre comme celui d'un homme ivre ; il était sur le point de s'abattre sur le sol.

10. Mais grâce au hasard ou plutôt à un secours providentiel, le bruit d'une eau courante parvint à ses oreilles. Il suivit sa direction et trouva un mince filet d'eau qui jaillissait des rochers. Un peu ranimé après avoir étanché sa soif, il reprit à grands pas sa marche vers la ville.

(III⁰ PARTIE : *L'arrivée.*)

11. Il ne restait plus guère de temps avant le coucher du soleil. Anxieux, il songeait qu'à ce moment même on préparait la croix devant le palais du cruel tyran ; que déjà le peuple, curieux du spectacle, se rassemblait de toutes les parties de la ville. Il réfléchissait que la haine de tous ses concitoyens allait se tourner contre lui. Mais surtout il se représentait le désespoir de son ami, qui, en mourant, se plaignait d'avoir été abandonné et trahi par un ami déloyal.

12. Il était encore éloigné environ d'un millier de pas de la ville et déjà il apercevait au loin la foule rassemblée, lorsque l'un de ses affranchis vint à sa rencontre. En apercevant Damon, il s'écria : « Tu arrives trop tard ! Tu te presses en vain : à cette heure même, ton ami Phintias est traîné au supplice. Quand tu arriveras, il sera mort ou, mourant, il ne pourra plus être rappelé à la vie. Quant à toi, objet de la rancune du peuple et de la haine du tyran, tu perdras la vie sans pour cela sauver ton ami. »

THÈME D'IMITATION, 17, § 11-12. — § 11. *Populus totius urbis, omnium urbium populus videndi cupidus est. — Concitat in se suorum crudelium civium iram. — Cogito multum tempus superesse. — Tyrannus magis anxius erat quam cives. — Animo fingebant amicorum suorum morientium desperationem. — Cupidus sum tyrannorum ædes videndi.*

§ 12. Jam duo millia passuum ab hac urbe aberant. — Jamjam morituri erant. — Frustra et serius fugit libertus. — Ad supplicium hoc ipso tempore tyrannum trahit. — Invidiam populi tyrannique odium timebat. — Moriturum amicum ad vitam revocat. — Ad amicum morientem vel potius mortuum advenit. — Turba congregata procul Damonem festinantem videbat.

13. Mais Damon ne se laisse pas retarder par les prières et les supplications, auxquelles l'autre recourait. Il avance même plus vite encore, autant qu'il lui est possible, et court de toutes ses forces dans la direction de la ville. Il se disait : « J'irai en dépit du sort, afin de mourir du moins en compagnie de celui que je n'ai pas sauvé de la mort comme je l'aurais voulu et comme je l'aurais dû. »

14. Bientôt, au milieu de la stupeur générale, haletant et couvert de poussière, il s'ouvre un chemin à travers la foule. Il court embrasser son ami que les bourreaux attachaient (élevaient) déjà à la croix. Denys, qui assistait à la scène, étonné d'une amitié si fidèle et si constante, déclara qu'il pardonnait à Damon. Il est

difficile de décrire les applaudissements de la foule. Cicéron rapporte même que le tyran leur demanda de l'admettre comme troisième dans leur amitié.

18. Les grues d'Ibycus.

(PREMIÈRE PARTIE : *Le crime.*)

1. Beaucoup de preuves frappantes nous montrent que les hommes vertueux et innocents, en butte à la persécution des impies et des scélérats, ne sont jamais abandonnés par les dieux. Leurs ennemis ou leurs meurtriers ont été souvent très durement punis, en cette vie même, et parfois après un long délai.

2. Un exemple célèbre de cette vérité est fourni par l'aventure du grand poète et grand musicien Ibycus. Il partait un jour de Mégare pour prendre part au concours de chant dans les jeux qui se célébraient à Corinthe. Apollon, en effet, lui avait accordé un merveilleux talent pour diriger sa voix et jouer de la lyre.

3. S'appuyant sur un bâton, il marchait seul et préparait à voix basse les chants qu'il devait exécuter devant les juges du concours et devant le peuple. Il n'était plus qu'à quelques milles de Corinthe et il apercevait déjà dans le lointain la citadelle élevée, lorsqu'il entra dans un bois consacré à Neptune. Le soleil était sur son déclin ; aussi la vallée devenait plus sombre et le feuillage des arbres répandait sur le poète une sorte d'obscurité.

4. Il vit pourtant dans le ciel, à travers les branches, des grues qui émigraient vers des pays plus chauds et dont la troupe, comme à l'ordinaire, formait un triangle. « Salut, oiseaux ! dit-il ; moi aussi, voyageur comme vous, j'ai quitté ma patrie et j'allège en chantant la fatigue du voyage. Puissé-je, moi aussi, une fois parvenu à la ville, trouver un toit hospitalier ! »

5. Il était alors arrivé au milieu de la forêt. En cet endroit deux brigands armés avaient dressé une embuscade et barré le chemin pour dépouiller les passants. Quand Ibycus les vit, il fit mine de vouloir résister, mais en vain. Comment un homme presque désarmé eût-il pu repousser l'attaque de deux coquins pleins d'audace, d'une taille énorme et merveilleusement habiles à manier les armes ?

6. Il appela en vain à grands cris le secours des dieux et des hommes. En raison de la solitude du lieu, il ne pouvait pas même espérer que l'on entendrait, à plus forte raison que l'on viendrait à son aide. Criblé de blessures, il tomba sur le sol.

7. Mais avant de rendre le dernier soupir, il pria les dieux de se charger de la vengeance de ce crime sacrilège : n'avait-il pas

été frappé dans une forêt sacrée? ne s'était-il pas toujours montré plein de dévotion à l'égard des dieux et de leur culte? Il prit même à témoin de ce meurtre les grues qui traversaient en volant la forêt. Mais les brigands, sachant qu'ils ne pouvaient être confondus ni par la dénonciation ni par le témoignage des oiseaux, s'éloignèrent en riant de la sottise de leur victime.

THÈME D'IMITATION, 18, § 5-7. — § 5. *Latrones insidias disponunt, semitas silvarum intercludunt, praetereuntes spoliant. — Ibycum inermem repellunt. — Horum latronum magnitudo corporis ingens erat; exercitatio in armis erat incredibilis.*

§ 6. *Homines in illa solitudine clamores non audiunt; opem non ferunt. — Dii magno subsidio sunt homini. — Frustra deos hominesque invocabat. — Nullus subsidium sperabat.*

§ 7. *Caedes in sacris silvis factae nefariae erant. — Aves transvolant silvas. — Latrones avium indicium et testimonium rident. — Caedem viatorum ulciscendam suscipit. — Ille qui ultimum spiritum efflat magis pius est erga deos. — Deorum cultus sacer est.*

(II⁰ PARTIE : *L'enquête.*)

8. Le jour suivant à l'aurore le cadavre fut trouvé et porté aux magistrats. Ceux-ci découvrirent en peu de temps l'identité de la victime grâce à un Corinthien qui était l'hôte d'Ibycus. Le bruit de l'affaire se répandant à travers la ville, les habitants se rassemblèrent en grand nombre autour des magistrats. Tous demandaient à grands cris que l'on recherchât avec soin les meurtriers d'un homme illustre, aimé de toute la Grèce, et qu'on leur infligeât les pires tortures.

9. Mais l'affaire était fort difficile. L'espoir de découvrir la vérité paraissait bien faible; car une grande multitude d'hommes étaient accourus de toutes les parties de la Grèce à Corinthe pour assister aux jeux. Pendant plusieurs jours les magistrats interrogèrent un grand nombre de citoyens et d'étrangers au sujet de cet assassinat. Ils firent des perquisitions partout, mais on ne trouva nulle part ceux qui avaient pris sur eux de commettre un si grand crime. On ne voyait même personne qui pût être soupçonné de ce meurtre.

(III⁰ PARTIE : *La punition.*)

10. Les assassins étaient pourtant dans la ville. Comme s'ils étaient assurés de l'impunité, ils étaient allés au théâtre. Ils n'avaient pas hésité à s'asseoir au milieu de la foule, sur les gradins supérieurs, pour assister aux jeux.

11. Tous avaient leur attention fixée sur les divers concours, quand justement des grues se montrèrent dans le ciel au-dessus des spectateurs. Ceux-ci ne les remarquèrent même pas; mais par hasard ou plutôt par une disposition providentielle leur passage n'échappa pas aux regards des deux meurtriers.

12. L'un d'eux, retenant à peine son rire et tourné vers son compagnon, lui dit : « Regarde, voilà les témoins d'Ibycus! » Mais les gens assis à côté d'eux perçurent cette réflexion. En entendant le nom d'Ibycus, ils demandèrent aux deux inconnus ce qu'ils voulaient dire. Comme ceux-ci semblaient embarrassés par ces questions (incertains quelle chose il fallait répondre), ils excitèrent immédiatement les soupçons.

13. Ceux qui se trouvaient là s'encourageaient les uns les autres à aller prévenir les magistrats assis sur les premiers degrés du théâtre. On leur soumet l'affaire. Eux, persuadés que dans une affaire si importante et si obscure il ne fallait rien négliger, ordonnèrent qu'on arrêtât ceux qui avaient parlé de façon mystérieuse d'Ibycus et des grues.

14. Après les avoir fait emprisonner séparément, ils leur posèrent toutes sortes de questions minutieuses. Ils voulurent savoir pourquoi ils avaient parlé des grues en ces termes, ce qu'ils avaient voulu dire en les citant, quel jour, à quelle heure ils étaient arrivés à Corinthe, quel était leur métier ordinaire (par quel métier ils avaient coutume de gagner leur vie).

15. L'un et l'autre firent d'abord des réponses fausses et très différentes. Puis, comme les juges les pressaient de toutes manières (de toutes parts), ils se trouvèrent forcés d'avouer leur crime. Ainsi ces meurtriers, que l'on n'avait pas pu prendre sur le fait, furent découverts par une sorte d'avertissement des dieux et furent châtiés de leur forfait selon les lois (donnèrent aux lois satisfaction de leur forfait).

THÈME D'IMITATION, 18, § 13-15. — *§ 13. Magistratus in primo gradu theatri sedebat. — Res illæ, quas neglegit, gravissimæ et obscurissimæ sunt. — Rem graviorem obscurioremque neglegebat. — Nihil neglegendum est. — Nihil est, in hac re, grave aut obscurum.*

§ 14. Omnia (omnes res) scire voluerunt. — Quid vestra verba significabant? — Diligenter commemorabat separatimque diem, horam, viam. — Talibus artibus victum quærere solent.

§ 15. Uterque sui sceleris judicibus legibusque pœnam debet. — Facinus interfectorum manifestius erat. — Utrumque judices undique urgebant. — Interfectorum scelera multum inter se discrepant. — Uterque interfector sudicis admonitu confiteri coactus est.

19. — Histoire d'Adraste et d'Atys.

(PREMIÈRE PARTIE : *La menace de l'oracle.*)

1. Crésus, roi de Lydie, avait un fils, qui l'emportait sur tous les camarades de son âge par ses qualités physiques et morales. Ce jeune homme se nommait Atys. Ce n'était pas l'unique héritier du roi, mais l'autre fils, étant muet, ne pouvait succéder à son père.

2. Atys était déjà grand, il avait même déjà commencé à faire la guerre aux ennemis de sa patrie, lorsque les dieux avertirent Crésus par un songe durant son sommeil que son fils mourrait prématurément : il serait blessé par une lance de fer et cette blessure serait la cause de sa mort.

3. Le père, réveillé immédiatement par la terreur, était à peine sorti de sa chambre à coucher qu'il ordonna d'enlever au plus tôt toutes les armes offensives suspendues aux murs du palais, de peur qu'elles ne tombassent sur la tête de son fils. En même temps, il lui interdit d'assister non seulement aux combats, mais même aux exercices militaires.

4. Il espérait, il était même sûr d'éviter ainsi le malheur dont il avait été averti en songe.

(IIᵉ PARTIE : *Le mystérieux étranger.*)

5. Quelques jours après que Crésus eut pris ces précautions, un inconnu arriva à Sardes, capitale du royaume. Il était né en Phrygie et même de souche royale; mais il venait se réfugier auprès de Crésus et lui demander de le purifier.

6. La religion exigeait que le suppliant fût immédiatement purifié par celui auquel il recourait : on ne devait pas l'interroger sur sa patrie, ni sur sa vie passée, ni sur le motif de la purification, avant l'accomplissement de cette cérémonie. Crésus, après lui avoir rendu le service demandé, voulut savoir qui il était et d'où il venait; puis, de quel crime il s'était souillé et pourquoi il avait eu besoin de purification.

7. L'étranger lui répondit : « O roi, je me nomme Adraste; je suis fils de Gordius. Un hasard malheureux m'a fait tuer sans le vouloir mon frère aîné. Aussi, chassé par mon père, je me suis réfugié comme suppliant auprès de toi. »

8. Crésus alors lui dit : « C'est chez des amis que tu es venu. Si tu désires demeurer ici auprès de nous, nous ne te laisserons manquer de rien. Puisses-tu supporter courageusement ton infortune et ton exil! » Adraste demeura donc auprès de Crésus.

(IIIᵉ PARTIE : *Le sanglier de Mysie.*)

9. A peu près en même temps qu'Adraste était venu chez Crésus, on annonça qu'un sanglier d'une taille énorme avait apparu sur l'Olympe de Mysie. De la montagne il faisait de fréquentes incursions dans les campagnes voisines, détruisait avec son groin les récoltes des Mysiens et n'épargnait pas les habitants eux-mêmes.

10. Les paysans de la région, réunis en troupe comme pour combattre un ennemi armé, l'avaient attaqué plusieurs fois avec leurs instruments rustiques, mais sans succès. Plusieurs avaient été tués; il y avait eu de nombreux blessés, et ils avaient dû rentrer chez eux sans avoir tiré vengeance.

11. Ils envoyèrent donc des ambassadeurs à Crésus pour lui dire qu'un sanglier énorme s'était montré sur la montagne voisine, et que, non content de nuire à leurs biens, il mettait en péril la vie des citoyens. Ils avaient, disaient-ils, essayé de le tuer, mais n'avaient aucunement réussi. Ils le priaient donc d'envoyer des chasseurs très expérimentés, jeunes et vigoureux, avec des chiens, pour tuer l'animal ou le chasser tout au moins hors de leurs campagnes. L'affaire était d'ailleurs si difficile, qu'elle méritait d'être conduite par le propre fils du roi.

12. Mais Crésus, se rappelant ce qui lui avait été prédit en songe, répondit que, pour ce qui concernait son fils, ils n'obtiendraient rien. Toutefois, il enverrait des chasseurs aussi nombreux que possible, munis de tout ce qui servait à prendre les bêtes sauvages.

13. Après avoir obtenu cette réponse, les Mysiens se retirèrent joyeux; mais Atys, qui n'ignorait pas ce que les ambassadeurs avaient demandé, alla trouver son père et lui dit : « Mon père, bien que je me sois illustré déjà souvent à la guerre et à la chasse, tu m'as contraint à demeurer en repos à la maison et presque à m'y cacher. Je n'ai d'autre liberté que d'aller du palais à la place publique et de revenir de la place chez nous.

14. « Si, comme tu le dis, tu te soucies de ma renommée, ne m'empêche pas, je te prie, d'aller avec les gens de mon âge secourir nos alliés. Si cependant il est préférable que je reste paisiblement à la maison, j'en voudrais connaître le motif de ta propre bouche. »

THÈME D'IMITATION, 19. § 11-14. — § 11. *Aper immanis incolis vicinorum montium nocebat. — Rex venatorem exercitatum et aetate vigentem in vicinum montem mittebat. — Tanta difficultatis sunt res illae! — Legati ad regem immanem aprum mittunt.*

2

§ 12. Memini quod mihi prædicebat. — De venatoribus nihil impetrabat. — Mittit quam plurimas feras. — Hac ad captandam feram usus est.

§ 13. Hoc responsum patri non ignorabunt. — Multæ venationes et bella eos clariores quam antea fecerant. — Me recipio domum. — Domi quiescit. — Propemodum lætus legatus erat.

§ 14. Fama tua mihi curæ est. — Æquales suos cognoscere decet. — Domi cum sociis meis maneo. — Eos impedire præstat.

15. Crésus, touché par cette manifestation d'un tempérament généreux, avoua qu'un songe lui faisait craindre pour la vie de son fils. « Il me semble, dit-il, que je n'ai pas d'autre fils que toi, car mon autre enfant, qui est sourd et muet, ne peut me succéder. »

16. Atys répondit : « Je ne saurais te blâmer de craindre pour moi et pour ma vie, ô mon père. Cependant je ne pense pas qu'en luttant, même de toutes mes forces, contre un sanglier, je puisse être exposé à un tel danger. La prédiction assure que je serai blessé par une lance de fer; comment un sanglier, qui n'a pas de mains, pourrait-il s'en servir contre moi? C'est avec leur groin et leurs défenses que ces animaux tuent d'ordinaire.

17. « C'est à une bête sauvage et non point à des hommes armés que je devrai livrer un combat: par conséquent, tu peux te rassurer. » Crésus, après avoir résisté quelque temps, vaincu enfin par les prières de son fils, lui donna l'autorisation de partir.

18. Cependant le roi, qui demeurait encore soucieux, fit venir son hôte Adraste et lui dit : « Tu te rappelles l'infortune qui t'a frappé; si je t'en parle, ce n'est pas pour te la reprocher; mais tu sais que tu étais exilé de ta patrie et que c'est moi qui t'ai purifié et recueilli chez moi ; depuis, je crois avoir observé largement à ton égard les lois de l'hospitalité.»

19. « Si donc il est juste de rendre la pareille à un bienfaiteur, c'est à toi que je confie mon fils au moment où il part pour la chasse : je veux que tu sois pour lui un gardien fidèle. Veille surtout à ce que des brigands ne vous tendent pas d'embûches sur la route et ne vous attaquent pas à l'improviste. D'ailleurs, à cette chasse, l'occasion ne te manquera pas de montrer ta valeur : n'es-tu pas de noble race et fort vigoureux? »

20. A ces paroles, Adraste répondit : « De moi-même, ô roi, je n'aurais pas été à cette chasse: le souvenir de mon crime, involontaire pourtant, me pèse à ce point que je ne me crois pas digne encore de prendre quelque plaisir avec les jeunes gens de mon âge. Néanmoins, sur ton ordre, je partirai volontiers, mû

surtout par l'espérance de te récompenser des services que tu m'as rendus. Sache bien que ton fils, autant qu'il sera en mon pouvoir, n'aura aucun péril à redouter. »

(IVe PARTIE : La fatalité s'accomplit.)

21. Peu de jours après, Atys partit pour la Mysie en compagnie de son gardien et de gens de son âge. Derrière eux venaient les chiens et les engins de chasse. Parvenus sur le mont Olympe, ils trouvèrent bien vite, grâce au flair de leurs chiens, le sanglier dont on leur avait parlé. Le soleil venait à peine de se lever. Cernant au plus vite l'animal, ils l'attaquèrent.

22. Adraste surtout se faisait remarquer ; c'était lui qui, pour montrer sa bravoure, lançait le plus de traits sur l'animal. Quant à Atys, qui voulait écarter de lui-même tout soupçon de lâcheté, il attaquait plus audacieusement encore et de plus près le sanglier.

23. Malheureusement, dans la mêlée, il arriva qu'un javelot, lancé par Adraste, transperça le fils du roi. Immédiatement tous furent saisis de stupeur et demeurèrent silencieux ; mais bientôt un tel désespoir s'empara de leur cœur qu'ils renoncèrent à la chasse et abandonnèrent le sanglier.

24. Il est facile de se représenter quels gémissements furent alors poussés ; mais peut-on imaginer la douleur d'Adraste ? Il restait étendu sur le cadavre de son ami, et ses compagnons, qui l'entouraient, ne pouvaient même pas le relever, loin de pouvoir le consoler. L'un d'eux cependant fut dépêché à Crésus pour lui annoncer le malheur.

THÈME D'IMITATION. 19. § 21-24. — § 21. *Custos ejusque socii cum canibus et venationis apparatu profecti sunt. — Canes in monte Olympo aprum invenerunt. — Fama hujus apri celeriter et brevi tempore in illos montes advenerat. — Canibus sagacitas est.*

§ 22. *Maxime conspicua est ignavia tua. — Adrastus fortitudine a se suspiciones amovebat. — Urget apros audacius. — Suspicionis a se removendae cupidus est. — In apros plura, plurima jacula emittit.*

§ 23. *Animus regis stupore et desperatione occupatus est. — Jaculi ferrea cuspis aprum transfixit. — Venationem intermittebant. — Tantus erat tumultus !*

§ 24. *Illi qui amicis mortuis superincumbebant, se non attollebant quidem. — Circumstantibus amicis calamitates nuntiat. — Ad nuntiandam calamitatem unum ex sociis mittit.*

25. En l'apprenant le roi fut accablé de chagrin, non seulement en raison de la mort de son fils, mais aussi parce que l'au-

leur de cette mort était un homme comblé par lui de bienfaits. Il demandait même à Jupiter, protecteur des lois de l'hospitalité, de punir une si cruelle injustice : car celui auquel il avait confié la vie de son fils ne l'avait pas protégé, mais au contraire assassiné.

26. Cependant les jeunes Lydiens revinrent, ramenant sur une litière le corps d'Atys. Adraste les suivait en baissant la tête. Quand on fut arrivé devant le roi, Adraste, les mains tendues, demandait qu'on l'immolât comme une victime offerte aux mânes de son ami.

27. Il paraissait en proie à un si grand chagrin que Crésus, touché de pitié, oublia sa colère : « Je ne te punirai pas, lui dit-il ; ce n'est pas toi qu'il faut rendre responsable de ce malheur, mais plutôt moi, qui, averti plus d'une fois par les dieux, ne leur ai pas obéi. »

28. Ensuite les funérailles furent célébrées au milieu d'un grand concours de gens de la ville et de la campagne. Tous pleuraient, mais la douleur d'Adraste surtout se faisait remarquer. Quand tous ceux qui avaient assisté aux funérailles furent rentrés chez eux, Adraste, las de vivre après ces deux affreux malheurs, se trancha la gorge devant le tombeau.

20. — Histoire du berger Gygès.

1. Gygès était berger au service du roi. A la suite de grandes pluies la terre se fendit et Gygès descendit dans cette crevasse. Il y vit, à ce qu'on raconte, un cheval de bronze avec des portes sur les côtés. Il les ouvrit et aperçut le corps d'un homme de taille extraordinaire qui portait un anneau au doigt. Il enleva et se mit cet anneau. Puis il se rendit à une réunion des bergers.

2. Là, chaque fois qu'il tournait le chaton de la bague vers la paume de sa main, il devenait invisible, tout en continuant lui-même à voir. Il redevenait visible, lorsqu'il remettait en plein jour le chaton à sa place. Aussi, profitant de la propriété de cet anneau, il assassina le roi son maître et supprima ceux qu'il regardait comme faisant obstacle à ses projets. Personne ne put le voir commettre ces forfaits. C'est ainsi que, grâce à cet anneau, il devint roi de Lydie.

3. Si un sage possédait cet anneau, il estimerait qu'il ne lui est pas plus permis pour cela de mal faire que s'il ne l'avait pas. Les hommes de bien, en effet, ont pour but l'honneur et non pas l'impunité (les choses honorables et non les choses cachées).

21. — Les animaux de la forêt Hercynienne.

1. C'est un fait certain que dans cette forêt vivent de nombreuses espèces d'animaux sauvages qu'on ne rencontre pas ailleurs. Il s'y trouve une sorte de bœuf qui ressemble à un cerf et qui porte au milieu du front, entre les oreilles, une seule corne. Le sommet de cette corne se déploie en ramures analogues à des feuilles de palmier.

2. On trouve aussi des animaux appelés « élans ». Ils ont la forme et le pelage varié du chevreuil, mais ils sont un peu plus gros. Leurs cornes sont tronquées ; leurs membres sont lisses et sans articulation. Ils ne se couchent pas pour reposer et s'ils viennent à tomber par terre, ils sont incapables de se relever. Ils n'ont que les arbres pour repaire : ils s'y appuient et s'abandonnent ainsi au repos.

3. Quand les chasseurs, en suivant leurs traces, ont découvert leur retraite habituelle, ils sapent les racines de tous les arbres de l'endroit ou coupent les troncs de manière qu'ils ne conservent que l'apparence extérieure d'arbres restés debout. Quand les élans s'y appuient comme de coutume, leur poids renverse ces arbres qui n'ont plus aucune solidité et ils tombent eux aussi en même temps.

4. Une troisième espèce est celle des animaux appelés « ures ». Leur taille est un peu inférieure à celle de l'éléphant. Ils ont l'apparence, la couleur et la forme du taureau. Ils sont très robustes et très rapides. Ils n'épargnent ni homme ni bête qui se rencontre sur leur passage.

5. On les tue en les faisant tomber dans des fosses. On ne peut d'ailleurs ni les apprivoiser, ni les rendre traitables, même en les capturant très jeunes. Leurs cornes diffèrent beaucoup de celles de nos bœufs aussi bien pour les dimensions que pour la forme et l'apparence. Les Germains recherchent beaucoup ces cornes pour les border d'argent et les employer comme coupes dans les banquets solennels.

22. — La mort de Néron.

1. Néron, pieds nus et portant une simple tunique, jeta sur lui un vieux manteau, se couvrit la tête et monta à cheval, suivi de quatre personnes seulement. Aussitôt il perçut les cris des soldats de la caserne voisine qui souhaitaient sa perte. Il entendit aussi

un des passants qu'il rencontra s'écrier : « Voilà des gens qui poursuivent Néron. »

2. Quand on arriva au chemin de traverse qui conduisait à la ferme, on mit pied à terre. Néron suivit, au milieu des broussailles et des arbustes épineux, un sentier qui traversait un terrain envahi par les roseaux ; au prix de bien des difficultés et en marchant souvent sur des vêtements étendus, il parvint ainsi derrière les murs de la ferme. Là, Phaon l'invita à se dissimuler dans une carrière de sable en attendant qu'on pratiquât une ouverture secrète par où il entrerait. Mais Néron déclara qu'il ne voulait pas s'enterrer tout vivant.

3. Ensuite il se glissa, en rampant par le passage étroit qu'on avait creusé, jusque dans une petite chambre. Là, il se coucha sur un lit garni d'un maigre matelas, sur lequel était étendu un vieux manteau. Il refusa le pain grossier qu'on lui offrit, mais but un peu d'eau tiède.

4. Ses compagnons l'entouraient et le pressaient de se dérober par la mort aux outrages qui l'attendaient. Alors il ordonna de creuser une fosse, de préparer l'eau et le bois pour rendre les derniers devoirs à son cadavre, tout en pleurant et en répétant : « Quel artiste va mourir en ma personne ! »

5. Un courrier lui apporta un billet où il lut qu'il avait été déclaré ennemi public par le Sénat et qu'on le recherchait pour lui infliger le châtiment traditionnel (pour qu'il fût puni selon la coutume des ancêtres). Il demanda en quoi il consistait. Quand il apprit qu'il s'agissait de lui mettre la fourche au cou et de le rouer de coups de verges jusqu'à ce que mort s'ensuivît, la terreur le saisit.

6. Il prit deux poignards qu'il avait emportés avec lui, en tâta la pointe, puis il les remit au fourreau, alléguant que ce n'était pas encore l'heure marquée par le destin. Tantôt il invitait ses compagnons à commencer les lamentations et les gémissements funèbres, tantôt il suppliait qu'on l'aidât à mourir en lui donnant l'exemple. De temps en temps il blâmait sa lâche hésitation en disant : « Il est honteux que je consente encore à vivre. »

7. Déjà approchaient les cavaliers qui avaient l'ordre de l'amener vivant. Quand il s'en aperçut, il enfonça le fer dans sa gorge. Il vivait encore quand le centurion pénétra auprès de lui et appliqua un pan de son manteau sur sa blessure comme pour lui porter secours ; il lui dit : « Trop tard ! » En prononçant ces mots, il perdit connaissance : il avait les yeux hors de la tête et fixes au point de faire peur et de donner le frisson à ceux qui venaient le voir.

THÈME D'IMITATION, 22, § 4-7. — § 4. *Eorum comes identidem instabat et flebat. — Mors eum contumeliæ eripuit. — Scrobes faciunt; cadavera conferunt; ea aqua et lignis carant.*

§ 5. *Cursorem, a quo perlati sunt codicilli, interrogat. — Senatus more majorum hostes judicat. — Eorum cervices in furcas insertæ sunt.*

§ 6. *In vaginam pugionem, quem secum extulerat, condit. — Fatalis hora adest. — Ejus comes eum orat ut se juvet. — Qui in segnitie vivit, turpiter vivit. — Uterque pugionum aciem tentat.*

§ 7. *Equitem vivum centurionesque semianimes adducebant. — Equitis oculi rigebant. — Ad vulnera sua pænulas apponunt. — Ferrum in jugulo manebat. — Irrumpentibus equitibus non aliud dicebant.*

23. — Les deux centurions de César.

1. Il y avait dans cette légion deux braves, qui étaient centurions, Pulfion et Varenus. Ils se querellaient sans cesse sur la question de savoir lequel des deux l'emportait en courage. Un jour que nos soldats soutenaient un combat fort vif devant les retranchements, Pulfion s'écria : « Pourquoi hésites-tu, Varenus ? Quelle autre occasion attends-tu pour prouver ton courage ? Ce jour tranchera notre différend. »

2. Après avoir ainsi parlé, il sort des retranchements et s'élance dans la direction où les rangs des ennemis semblaient le plus épais. Varenus, craignant pour sa renommée, le suit de près.

3. Pulfion lance un javelot sur les ennemis et transperce l'un d'eux qui accourait en tête des autres. Les ennemis protègent de leurs boucliers ce blessé qui ne donnait plus signe de vie. Tous se mettent à lancer ensemble leurs traits sur Pulfion sans lui permettre de battre en retraite. Son bouclier est percé et un javelot acéré vient se planter dans son baudrier.

4. Cet accident déplaça le fourreau et gêna sa main quand il voulut dégainer son épée. Dans cette situation embarrassée, il se voit entouré d'ennemis. Son rival Varenus vient à son secours et lui prête la main dans cette situation difficile. Immédiatement, c'est contre Varenus que la foule des ennemis tourne ses efforts.

5. Varenus en tue un et fait un peu reculer les autres. Mais tandis qu'il les presse avec trop d'ardeur, il tombe. C'est au tour de Pulfion de se porter au secours de Varenus entouré d'ennemis. Tous deux, après avoir immolé un bon nombre d'adversaires, reviennent sains et saufs derrière les retranchements, au milieu des plus chaudes félicitations. Ainsi, il fut impossible, cette fois encore, de juger auquel des deux appartenait la supériorité en bravoure.

24. — Ce qui n'est pas honorable n'est pas utile.

1. Les Athéniens, absolument hors d'état de résister à l'invasion des Perses, résolurent d'abandonner leur ville, de transporter les femmes et les enfants à Trézène, de s'embarquer eux-mêmes et de défendre sur mer la liberté de la Grèce. Ils lapidèrent un certain Cyrsile qui leur conseillait de demeurer à Athènes et de recevoir Xerxès dans leurs murs. Pourtant cet homme paraissait s'inspirer de leur intérêt : mais leur intérêt ne pouvait être en contradiction avec l'honneur (il n'y avait pas d'intérêt, l'honneur s'opposant).

2. Après la victoire qui termina les guerres médiques, Thémistocle déclara dans l'assemblée qu'il songeait à une mesure avantageuse pour l'État, mais qui devait rester secrète. Il demanda que le peuple lui indiquât un homme auquel il en ferait part. On lui désigna Aristide.

3. Thémistocle lui dit qu'on pouvait incendier secrètement la flotte des Lacédémoniens ; ce qui devait nécessairement affaiblir beaucoup leur puissance. Aristide, muni de ce renseignement, se présenta à l'assemblée au milieu de la curiosité générale. Il dit que le projet de Thémistocle était fort avantageux, mais qu'il était contraire à l'honneur. Les Athéniens jugèrent que ce qui n'était pas conforme à l'honneur ne pouvait être non plus favorable à leurs intérêts. Sur l'autorité d'Aristide, ils rejetèrent ce projet, dont ils n'avaient même pas pris connaissance.

TROISIÈME PARTIE

(*EXTRAITS D'*EPITOME HISTORIÆ GRÆCÆ)

CHAPITRE PREMIER

La Grèce et ses habitants.

1. Toutes les parties de la Grèce sont très différentes les unes des autres : certaines sont occupées par de hautes montagnes, hérissées de rochers abruptes et souvent couvertes de neiges. Ailleurs s'étendent des plaines, mais pas très (tellement) grandes et parfois gâtées par des marécages.

2. Beaucoup de rivières traversent (coulent à travers) la Grèce; mais comme (parce que) la plupart sont petites, elles baissent facilement en été ou se dessèchent. Les forêts offrent (ont) des arbres variés, des pins, des chênes, des hêtres; en beaucoup d'endroits les figuiers, les citronniers, les palmiers même et les vignes poussent assez bien (heureusement).

3. Dans l'ensemble pourtant la Grèce antique était peu fertile, bien que l'on crût (G. C. 260) que Cérès elle-même avait donné aux habitants les céréales, comme le vin avait été donné par Bacchus et le cheval par Minerve. On extrayait de la terre un peu d'argent et d'or; mais les Grecs n'abondaient pas en aliments et en richesses.

4. La vie des laboureurs était donc dure et peu avantageuse. C'est pourquoi, abandonnant la charrue, beaucoup élevaient (nourrissaient) des bœufs, des chèvres, des brebis, des porcs. Ils vivaient la plupart du temps de lait, de fromage et de miel. Les bergers avaient souvent les peaux des brebis pour vêtements. Mais ceux qui habitaient sur la côte (bord de la mer) s'embarquaient (montaient des navires) et devenaient marins. En effet, non loin du rivage il y avait beaucoup d'îles, dont la vue leur faisait souhaiter (les avait rendus désireux) de naviguer.

5. Aussi, les Grecs, qui menaient une vie de laboureurs, de bergers ou de marins, non seulement avaient des corps sains et robustes (étaient de corps. G. C. 115), mais leurs âmes étaient pleines d'énergie (la force s'était ajoutée à leurs âmes). D'autre part, ils vivaient sous un ciel splendide : à leur vue s'offraient des collines agréables, une mer azurée ; tout le paysage (tous les lieux) semblait plein de grâce et de majesté ; ils avaient toujours devant les yeux les plus beaux spectacles (choses). Nous ne devons pas nous étonner de voir que les arts ont toujours fleuri chez eux.

6. La Grèce, qui nous a transmis (dont nous avons reçu) par héritage les arts et les lettres, peut être appelée à bon droit la maîtresse de toutes les nations. Elle a bien mérité du genre humain.

Thème d'imitation. chap. Ier, § 1-4. — *§ 1. Campi et montes dissimillimi sunt. — Pabulœ partem camporum complent. — Montes altiores, campi majores sunt.*

§ 2. In nostris silvis habemus ficus et citros. — Facile in hoc loco vites habebitis.

§ 3. Cererem credunt Graeciœ fruges dedisse. — Neptunus equos Graecis dedit. — Auro argentoque abundatis. — Credis Graeciam non esse fertilissimam. — Da nobis paulum auri.

§ 4. Cupidissimi sumus relinquendi aratri et naves conscendamus. — Sues lacte plerumque vescuntur. — Ovium pellis non durissima est. — Nauta ero navemque conscendam. — Relictis ovibus et capris, agricola factus est. — Capris suœ pelles pro vestimentis sunt.

CHAPITRE II

La religion grecque.

Un dieu grec : Jupiter.

Les Grecs adoraient un grand nombre de dieux. Tout ce qui, dans la nature, possède une puissance utile ou nuisible à l'homme, était mis au nombre des divinités. Toutefois, parmi tous les dieux, douze étaient au premier rang : c'étaient Jupiter, Junon, Apollon, Neptune, Mars, Vulcain, Mercure, Minerve, Vénus, Vesta, Cérès, Diane. On les appelait les Grands dieux.

Mais Jupiter était considéré comme plus puissant que tous les autres; on l'appelait le père des dieux et des hommes. Nous allons exposer son origine, son histoire et son culte.

2. Si nous en croyons les récits des poètes, le Ciel fut la plus ancienne des divinités. Son fils Saturne lui succéda. Celui-ci avait pris l'habitude de dévorer ses enfants dès qu'ils voyaient le jour. Cependant un de ses fils, nommé Jupiter, échappa à cette abominable cruauté. Ce n'est pas que son père eût voulu l'épargner; mais sa mère Cybèle transporta secrètement le petit enfant dans l'île de Crète et le donna à élever aux Corybantes.

3. Là il fut nourri du lait de la chèvre Amalthée. Les abeilles des montagnes voisines lui déposaient aussi leur miel dans la bouche. Plus tard, pour les récompenser de leurs bienfaits, il les revêtit d'une couleur d'or. Les Corybantes prirent d'habiles précautions pour empêcher Saturne, père de l'enfant, de l'entendre vagir dans son berceau et de découvrir la ruse de sa mère. Autour de l'endroit où Jupiter était couché, après s'être armés de boucliers de bronze, ils se heurtaient les uns les autres avec grand bruit, comme s'ils se livraient à un jeu.

4. Jupiter était déjà un grand garçon, lorsque les Titans se révoltèrent contre Saturne. Ils étaient tous fils de la Terre; tous étaient remarquables pour leur taille et leur vigueur. Ils se mirent donc à entasser montagne sur montagne, dans l'intention d'escalader le ciel comme à l'aide d'une échelle et de chasser Saturne de l'Olympe, c'est-à-dire du séjour des dieux. Certains d'entre eux, qui avaient cent bras, lançaient à la fois cent pierres ou plutôt cent quartiers de rocs. Jupiter partit au secours de son père et, grâce à ses foudres, il les précipita du ciel, où ils étaient déjà arrivés, jusqu'au fond du Tartare. Là, ils sont enchaînés et une montagne, placée sur eux, les écrase.

THÈME D'IMITATION, § 1-4. — § 1. *Potentissima numinum censebat. — Græci in numero deorum Apollinem, Martem, Venerem, Cereremque ponebant. — Jovem habemus potentiorem hominibus ceterisque diis.*

§ 2. *Filii patribus successerunt. — Num omnia quæ adspersisti rorare consuevisti? — Pater ille filio non parcebat. — Corybantibus hunc infantem educandum tradito.*

§ 3. *Caprarum lacte apiumque melle nutriemur. — Aurea parmula instrueris (mieux : instructus eris). — Infantes magno strepitu ludebant.*

§ 4. *Adulescentes in summum montem ascendere volebant. — Si centum brachia nobis essent, corporis viribus insignes essemus. — Rupes ipsæ fulmine franguntur. — O Jupiter, catena Telluris filios vinci.*

5. Saturne n'ayant pas témoigné à son fils une juste reconnaissance pour ce bienfait, Jupiter le chassa du ciel et, après l'avoir dépouillé de son trône, l'envoya régner en Italie. C'est sous le règne de Saturne en ce pays qu'apparut l'âge d'or, si souvent célébré par les poètes. A cette époque les hommes, pensait-on, étaient meilleurs et plus heureux qu'ils ne sont actuellement; car la terre, sans être cultivée par les charrues, produisait d'elle-même tous les biens avec la plus grande abondance.

6. Jupiter épousa Junon, qui fut la mère de Mars et de Vulcain. Mais d'autres dieux, déesses ou héros passent aussi pour fils de Jupiter. Qu'il suffise de citer Apollon, Diane et Hercule. Junon, épouse de Jupiter, était d'un orgueil extraordinaire. Aussi des querelles éclataient souvent entre les époux. Pour les éviter, Jupiter changeait de séjour et passait souvent son temps sur la terre parmi les hommes. Bien plus, parfois il prenait la forme de divers animaux, d'un aigle par exemple, d'un taureau ou d'un cygne.

7. Jupiter et ses deux frères avaient partagé entre eux l'empire du monde. La mer et les eaux étaient échues à Neptune. Pluton était devenu le roi des enfers. Jupiter eut le ciel, où il pouvait à son gré assembler les nuages, lancer la foudre et répandre la pluie. Si nous en croyons les anciens poètes, les Cyclopes fabriquent, en Sicile, sous le mont Etna, en frappant jour et nuit l'enclume, ces traits de feu épouvantables que nous appelons la foudre. C'est pour cela que les entrailles de cette montagne sont dévorées par un feu éternel et que la fumée s'échappe sans cesse de son sommet.

8. Du haut de l'Olympe, Jupiter gouverne avec sagesse le monde entier. Il protège les empires et les familles. Il s'irrite contre ceux qui osent molester les suppliants, les étrangers ou les hôtes. Il ordonne de recevoir avec bienveillance sous son toit les exilés. Il favorise les innocents; il a coutume de combler de ses dons les gens honnêtes et fidèles à leurs devoirs. Quant aux scélérats, non seulement il leur inflige le châtiment mérité, mais il envoie à leurs descendants la honte et le malheur.

9. Le chêne était consacré à ce dieu. C'est pour cela qu'on disait en Grèce qu'un chêne de la forêt de Dodone rendait des oracles soit par le roucoulement des colombes perchées sur ses branches, soit par le bruissement du vent soufflant à travers le feuillage, soit par le murmure d'une source qui coulait près du pied de l'arbre.

10. Le temple le plus vénéré de Jupiter se trouvait aux environs de la ville d'Olympie. Dans ce sanctuaire tous les Grecs

vénéraient une statue de Jupiter, exécutée en or et en ivoire par
Phidias. Ce portrait du dieu était si beau, que l'on croyait apercevoir non point une statue, non point le chef-d'œuvre d'un
artiste, mais le dieu en personne assis sur un trône royal : tant
il y avait de gravité dans sa physionomie et de majesté dans tout
son maintien. On sacrifiait à ce dieu des chèvres, des taureaux
et des vaches.

CHAPITRE III

Les légendes mythologiques.

Un héros grec : Thésée.

1. On croyait que Thésée avait vécu à l'époque d'Hercule, avec
lequel il avait quelque lien de parenté. Il était fils d'Egée, roi
d'Athènes ; mais en raison de sa beauté et de ses forces surhu-
maines, bien des gens le disaient fils de Neptune.

2. Il fut élevé chez son grand-père Pitthée à Trézène. Il était
à peine dans sa sixième année lorsque Hercule vint loger chez ce
roi. C'est alors que brilla pour la première fois le courage de
l'enfant. Hercule avait déposé dans le vestibule de la maison la
peau de lion de Némée dont il se couvrait habituellement la tête
et les épaules. Thésée, ayant pénétré dans cette salle, crut avoir
affaire à un lion vivant : aussitôt il saisit une hache et attaqua
l'animal.

3. Quand il fut sorti de l'enfance et que ses forces accrues en
eurent fait un jeune homme, il partit pour aller voir son père et
sa patrie. Chemin faisant, il utilisa ses forces en attaquant
quelques brigands. Il tua un géant qui assommait habituellement
les passants d'un coup de massue. Il châtia de même Scyron,
qui jetait les voyageurs à la mer.

4. Sinis fut puni de la même manière pour ses crimes. Doué
d'une force prodigieuse, il courbait jusqu'à terre deux pins, y
attachait de chaque côté les membres d'un homme ; puis il les
lâchait soudain, de sorte que les membres de ce malheureux
étaient déchirés et projetés en l'air. Il fit disparaître aussi Pro-
custe. Ce misérable faisait coucher ses hôtes dans son lit, comme
s'il les accueillait avec bienveillance. Quand ils étaient couchés

et endormis, il se jetait sur eux et, s'ils étaient plus petits, les étendait de force à la mesure du lit : ou bien, s'ils étaient plus grands, leur coupait la partie des pieds qui dépassait.

THÈME D'IMITATION. § 1-4. — § 1. *Theseus Herculesque ejusdem ætatis erant. — Ægeus rex Atheniensium fuit. — Natura humana corporis viribus non excellit. — Aliquam sanguinis cognationem inter nos esse credimus.*

§ 2. *In Argolide educati eramus. — In urbem Trœzenem devertet. — Capita texerunt. — Cum vigesimum annum agam, leonem aggrediar, cujus pellis humeros meos teget. — Securim depone, quam in vestibulo arripuisti.*

§ 3. *Pueri vires corroborabant cum juvenibus manum conserendo. — Clava ictus caput elidere potest. — Prætereuntem viatorem in mare præcipitavit.*

§ 4. *Curva hos pinus. — Pedem ex utraque parte vinci. — Si somno opprimetur, eum sub pinu dormire jubebis.*

5. Revenu dans sa patrie, il s'appliqua à vaincre les monstres qui naissaient alors en grand nombre. Avec la massue enlevée au géant qu'il avait tué, il frappa un taureau rendu redoutable par sa taille prodigieuse, qui ravageait affreusement la plaine de Marathon. Il l'amena à Athènes pour l'immoler devant l'autel d'Apollon. Mais parmi tous ses exploits, la fameuse victoire qu'il remporta en tuant le Minotaure tient aisément la première place.

6. Minos, après avoir vaincu autrefois les Athéniens, leur avait imposé de lui envoyer chaque année un nombre déterminé de jeunes gens, sept garçons et sept filles, pour les donner à dévorer au Minotaure. C'était un monstre horrible qui, enfermé dans le Labyrinthe, se nourrissait de chair humaine. Sur un corps d'homme il portait une tête de taureau. Le Labyrinthe avait été bâti pour lui par Dédale et disposé avec tant de détours enchevêtrés, que pas un de ceux qui avaient une fois pénétré dans ce lieu ne pouvait reconnaître son chemin pour sortir.

7. Thésée était possédé du désir de tuer le Minotaure et de délivrer sa patrie de l'infâme tribut. Aussi comme les jeunes gens voués au monstre se disposaient à partir pour la troisième fois, Thésée s'offre pour les accompagner volontairement sans recourir au tirage au sort. Dès que le navire aborde en Crète, il entre sans trembler dans le Labyrinthe. Il attaque et immole le Minotaure qui mugissait en vain et essayait inutilement de se défendre. Il ne périt pas non plus égaré par les détours du chemin : Ariane, en effet, la fille du roi Minos, dont il avait gagné

la bienveillance, lui avait donné une pelote de fil. A l'aide de
ce fil qu'il avait attaché à l'entrée et déroulé à mesure qu'il avançait, il trouva aisément la sortie en revenant sur ses pas avec ses
compagnons.

8. Il avait muni de voiles noires le navire qui l'avait transporté
en Crète. Mais il avait promis à son père Egée que, s'il revenait
victorieux, il mettrait des voiles blanches. Mais, au retour, dans
l'excès de la joie que lui causa sa victoire, il oublia de changer
les voiles. Aussi, en apercevant de loin le navire de Thésée, dont
les voiles sombres annonçaient un malheur, son père désespéra
du salut de son fils et, affolé par la douleur, se précipita dans la
mer du haut d'un rocher élevé. Pour empêcher que le souvenir
de ce malheureux père ne sombrât dans l'oubli, les Grecs appe-
lèrent « Egée » la mer où il avait trouvé la mort.

9. Le vaisseau qui avait ramené Thésée victorieux fut con-
servé avec beaucoup de soin par ses compatriotes. Il semblait
devoir être le souvenir précieux d'une victoire qui avait fait
le bonheur du pays. Aussi, dès que quelque pièce était dété-
riorée par le temps, on la remplaçait avec un soin extrême. Par
suite, peu à peu toutes les parties s'en trouvèrent changées : néanmoins on le considérait toujours comme le même vaisseau. C'est
lui qui portait dans l'île de Délos les offrandes que les Athéniens
envoyaient chaque année à Apollon.

10. Thésée, devenu roi d'Athènes, établit les plus justes lois.
Ensuite, sur le conseil d'Hercule, il partit en Orient pour combattre les Amazones. Cette nation très belliqueuse, qui se com-
posait uniquement de femmes, fut d'abord vaincue. Mais plus
tard, les Amazones, pour venger leur défaite, envahirent l'Attique
et durent être repoussées par une sanglante bataille.

11. Ensuite Pirithoüs, roi des Lapithes, désirant connaître
un si glorieux monarque, pénétra en Attique comme un ennemi
avec une armée. Il espérait par là décider Thésée à se mesurer
avec lui. Mais quand ils furent en présence, l'admiration réci-
proque qu'ils conçurent pour leur courage et leur vigueur les
retint immobiles. Aussi, après avoir combattu quelque temps
sans avantage décisif, ils se réconcilièrent et, après s'être embras-
sés, devinrent bons amis.

12. Pirithoüs, profitant de l'aide de Thésée, battit les Centaures, qui avaient maltraité les Lapithes à l'occasion d'un banquet. En effet, Pirithoüs épousait Hippodamie et il avait invité
ses voisins les Centaures. Mais, au milieu des noces, échauffés
par le vin, ils provoquèrent une querelle et tuèrent de nombreux
Lapithes. Ces Centaures étaient regardés par les anciens comme

des monstres, mais certains pensent que c'étaient des cavaliers
si bien entraînés, qu'une fois à cheval, ils semblaient faire corps
avec leur monture.

THÈME D'IMITATION, § 9-12. — § 9. *Servate, o cives, naves quibus
victores rediimus ex insula Delo. — Pars pretiosi doni mutata est,
idem tamen semper esse videtur.*

§ 10. *Hercules Theseum ad confligendum in Oriente cum bellico-
siore gente hortatus est. — Ad ulciscendam cladem, hanc gentem,
quæ in Atticam irrupit, repellemus.*

§ 11. *Spero fore ut mecum congredi cogatur. — Tuæ virtutis ad-
miratio me immobilem detinuit. — Postquam pugnatum erit, gra-
tia reconciliabitur.*

§ 12. *Utere meo auxilio. — Pirithoi nuptiæ rixam moverunt cæ-
desque facta est, quod temulentus centaurus vicinos male mulcave-
rat. — Equites et equi, qui unum corpus efficere videbantur, in
numero centaurorum habiti sunt.*

13. Pirithoüs et Thésée se rendirent ensemble aux enfers pour
enlever de force Proserpine, épouse de Pluton. Mais le résultat
de ce projet ne répondit guère à leurs espérances. On raconte que
Pirithoüs fut dévoré par Cerbère. Quant à Thésée, il s'assit sur
une pierre, chargé de chaines ou, selon d'autres, épuisé par tant
de fatigues, et il se trouva ensuite dans l'impossibilité de se relever. Il serait demeuré attaché à cette pierre sans espoir de pouvoir s'en éloigner jamais s'il n'avait été délivré par le courage
d'Hercule lorsque ce héros vint au même endroit. Même alors,
il ne put s'arracher à la pierre pour se mettre debout qu'en
perdant, au milieu de grandes souffrances, une partie de sa peau
qui y était restée collée.

14. Thésée avait un fils, nommé Hippolyte, qui s'était adonné
entièrement à la chasse et à l'équitation. Sa belle-mère l'ayant
chargé de fausses imputations, son père l'accabla de toutes les
malédictions. Il fut même si sottement crédule qu'il chassa son
fils de la maison et pria Neptune de se charger de sa vengeance.
Le dieu exauça son déplorable souhait. Au moment où Hippolyte passait en char sur le bord de la mer, un monstre sortit des
eaux sur l'ordre de Neptune. Sa vue effraya les chevaux, qui
s'emportèrent. Le char fut renversé, et le jeune homme, traîné
parmi les broussailles et les pierres tranchantes, périt misérable-
ment.

15. Quand ce malheur fut annoncé à Phèdre, sa belle-mère,
qui l'avait calomnié auprès de son père, elle avoua qu'elle l'avait
accusé faussement et se pendit. Quant à Thésée, après avoir

maudit son excessive crédulité, il s'exila volontairement. Il ne
manque pas d'écrivains qui affirment, au contraire, que le jeune
homme fut rappelé à la vie par la faveur d'Esculape, qui fut touché par la douleur du père. Mais, quoi qu'il en soit, il est certain
que Thésée mourut en exil.

16. Longtemps après, les Athéniens voulurent ramener ses
restes dans sa patrie. Mais personne ne put découvrir l'endroit
de la sépulture. Cependant, il paraissait certain que ses restes
avaient été ensevelis dans l'île de Scyros. Voici comment ils
furent, dit-on, découverts. Cimon, général athénien, se trouvait
justement dans cette île, lorsqu'il vit un aigle qui frappait conti-
nuellement du bec un tertre en forme de tombeau. En le creu-
sant, on découvrit un cercueil de pierre qui contenait un sque-
lette d'une taille surhumaine. Tout auprès gisaient une épée et
une lance de fer. Cimon, persuadé qu'il s'agissait des restes de
Thésée, les ramena en Attique. On éleva à Athènes un temple
magnifique, sur les murs duquel les peintres et les sculpteurs
les plus habiles retracèrent à l'envi les exploits de Thésée.

CHAPITRE IV

Les origines de la civilisation grecque.

Les premiers artistes : Orphée.

1. Chez les anciens Grecs beaucoup d'hommes se rendirent
célèbres par leur talent musical et laissèrent un long souvenir.
Les poètes célèbrent surtout dans leurs vers Orphée, qui unis-
sait au son de la lyre la voix la plus agréable. Ils racontent que
le charme de son chant arrêtait le cours des fleuves, que, grâce à
l'agrément de sa voix, il apprivoisait les lions et les tigres, ainsi
que toutes sortes d'animaux sauvages dont la cruauté est redoutable. On prétend même qu'il faisait s'agiter en cadence les
rameaux des arbres et donnait du plaisir aux rochers les plus
insensibles, soit en chantant, soit en touchant avec ses doigts
les cordes de sa lyre.

2. Il arriva qu'Eurydice, sa femme, marcha sur un serpent
caché dans l'herbe et mourut de sa morsure empoisonnée.
Orphée en ressentit une grande douleur, que Virgile, le plus

célèbre des poètes romains, rappelle en ces termes : « Il te célébrait, ô chère épouse, seul sur le rivage désert aussi bien à l'aurore qu'à la chute du jour. »

3. Orphée, qui aimait beaucoup son épouse, ne pouvant trouver de consolation nulle part, résolut de la ramener des enfers. Par une caverne souterraine, il pénétra jusqu'à la rive du Styx. Là il apaisa, en chantant, la rage de Cerbère, le chien impitoyable qui empêche les vivants d'avoir accès à ce séjour. Ensuite, grâce au charme merveilleux de son chant, il captiva les oreilles de Pluton et de Proserpine; ses prières calmèrent leur colère. Aussi ils l'autorisèrent à emmener avec lui Eurydice. Joyeux de l'heureux succès de son audacieuse entreprise, il ramenait déjà son épouse jusqu'à la lumière du soleil et jusqu'au séjour des vivants.

4. Mais la permission de l'emmener avait été accordée à condition que son épouse marcherait derrière lui et qu'il ne se retournerait pas pour la regarder avant qu'ils ne fussent arrivés à la lumière du jour. Néanmoins Orphée, soit que la joie lui eût fait oublier l'ordre donné, soit qu'il fût incapable d'attendre, tourna les yeux vers elle, et cette imprudente témérité lui fit perdre une seconde fois son épouse. Elle fut entraînée de nouveau vers le Styx par une force invisible. Dès qu'Orphée s'aperçut qu'elle était tirée en arrière, il essaya en vain de la saisir et de la retenir avec la main; mais le malheureux ne put saisir que l'air impalpable.

THÈME D'IMITATION, § 1-4. — § 1. *Multi antiqui Graeci celebrant musicam lyramque jucundis vocum sonis junctam. — In carmine nostro narrabimus Orpheum lyrae sono leonum tigridumque crudelitatem mitigavisse. — Arbores in numerum ramos (suos) movebant.*

§ 2. *Serpentem calcavit et ejus morsu decessit. — Orpheus dolorem suum, decedente die, canendo commemorabat.*

§ 3. *Libenter ab inferis eos, qui nobis carissimi fuerunt, ad lucem reduceremus, si facultas usque ad Stygis ripam penetrandi nobis concederetur.*

§ 4. *A tergo sequere. — Oculos ad eam ne converteris (noli convertere). — Caeca quaedam vis Orphei conjugem retrahebat, quia legis illius immemor fuerat. — Infelix Orpheus uxorem amittenda (uxore amittenda), quam ad lucem reducebat, omne gaudium amiserat. — Inconsulta temeritas nos omnis morae impatientes fecit.*

5. Ayant perdu toute joie depuis ce malheur, il errait seul dans les plaines et les forêts, tourmenté par un chagrin plus cuisant que jamais. Virgile, poète au cœur très sensible, a décrit

ainsi son deuil : « On assure que pendant sept mois de suite, au pied d'un haut rocher, auprès des eaux du Strymon solitaire, il pleura et redit ses malheurs dans une caverne glacée. Les tigres en étaient attendris et les chênes suivaient la cadence de son chant. »

6. Finalement des femmes qui célébraient les mystères de Bacchus et que son dédain rendit folles de colère, le tuèrent et, après l'avoir tué, le mirent en pièces. Ses membres ensanglantés furent jetés dans les eaux du fleuve voisin. Le poète Ovide affirme, dans les vers suivants, qu'à la mort d'Orphée toute la nature fut saisie de pitié. « Orphée, les oiseaux affligés t'ont pleuré, ainsi que la multitude des bêtes sauvages, les roches les plus dures et les arbres qui avaient souvent suivi tes chants. » Apollon, à qui est confiée la protection des musiciens et des poètes, qui lui-même joue de la flûte pastorale ou frappe de l'archet les cordes de la lyre, changea Orphée en un cygne à la voix harmonieuse.

CHAPITRE V

Les origines de l'histoire grecque.

La guerre de Troie : Achille et Hector.

1. Achille avait enfin oublié l'injustice qu'il avait subie de la part d'Agamemnon. Le ressentiment qu'il éprouvait du meurtre de son ami avait effacé complètement le souvenir de tous ses autres ennuis. Il se hâta donc d'endosser les armes nouvelles, fabriquées par Vulcain, que sa mère lui avait données et, après avoir exhorté brièvement ses soldats, il partit pour le combat, afin de venger la mort de Patrocle.

2. Il avait résolu d'attaquer immédiatement Hector. Aussi dès qu'il l'aperçut, il voulut aller à sa rencontre. Mais Hector, qui s'était pourtant montré souvent intrépide dans le combat, saisi à la vue d'Achille d'une crainte soudaine, prit la fuite. Achille, excellent coureur, se mit à sa poursuite et il était déjà sur le point de l'atteindre quand Apollon fit disparaître le fuyard.

3. Achille, très irrité, s'en prit aux autres Troyens dont il fit un grand massacre. Les autres cherchèrent leur salut dans la fuite et se réfugièrent dans la ville. Cependant Hector était resté

devant la porte de la ville ; il ne voulait pas reculer plus loin, de peur, en fuyant honteusement son ennemi, de souiller la gloire qu'il avait acquise antérieurement. Il attendait donc Achille avec résolution.

4. Priam, roi des Troyens et père d'Hector, l'aperçut du haut du rempart et lui dit : « Évite, ô mon fils, de lutter contre Achille. S'il ne l'emporte pas sur toi en courage et en énergie, ses forces physiques sont de beaucoup supérieures aux tiennes. S'il te tue, par qui serons-nous désormais défendus ? Songe à moi, qui suis ton père, moi que la vieillesse accable ! Aie pitié de ta mère qui ne pourra te survivre ! N'abandonne pas l'épouse qui t'est si chère et ton jeune enfant ! »

5. Mais Hector, sans tenir compte des recommandations de son père, répondit que ce jour-là verrait sa victoire ou sa mort. Toutefois, quand il vit approcher le fils de Pélée, dont la colère était manifeste, troublé de nouveau par la crainte, il n'osa l'attendre de pied ferme. L'ardeur du combat apparaissait si visiblement dans les traits d'Achille, qu'il ne se crut pas en état de lui tenir tête. Il s'enfuit de nouveau et fit en courant le tour des remparts de Troie, serré de près par Achille.

6. Hector, redoutant enfin le déshonneur, s'arrêta et dit : « Je ne vais plus reculer devant toi comme je l'ai fait jusqu'ici. Je vais oser me mesurer avec toi. Cependant, avant d'en venir aux mains, convenons que le vainqueur respectera le corps de celui qui sera tué. Pour moi, si je l'emporte, je rendrai ton cadavre à tes amis. Par conséquent, fais le serment d'agir de même avec moi. »

7. Achille lui répondit d'une voix menaçante et d'un air irrité : « Il est impossible qu'une entente se fasse entre moi et celui qui, après l'avoir tué, a dépouillé de ses armes mon meilleur et mon plus cher ami. Est-ce que par hasard les brebis peuvent conclure la paix et faire un traité avec les loups ? N'espère pas t'éloigner d'ici sain et sauf. Je tiens une occasion de me venger : je ne la laisserai pas passer, et toi, tu n'échapperas pas aujourd'hui à la mort. Les chiens et les oiseaux ne tarderont pas à déchirer ton cadavre. Ni ta mère, ni ton épouse ne t'enseveliront : je veux que tu sois privé des honneurs de la sépulture. »

8. Achille n'épargna pas en effet son ennemi. Avec l'aide de Minerve, il frappa Hector d'un javelot et le tua. Il attacha ensuite son cadavre derrière son char et le traîna d'abord cruellement autour des remparts, sous les yeux des malheureux Troyens ; ensuite il le ramena des murs de la ville au camp des Grecs. Cependant, il consentit à rendre le corps mutilé d'Hector à son

père Priam, qui le demandait avec instances et apportait les plus riches présents, afin qu'on pût lui rendre les derniers devoirs.

THÈME D'IMITATION. § 5-8. — § 5. *Formidine turbati, patrum nostrorum preces negleximus. — Non credo te ei resistere posse. — Si me rursus insequeris, acriter fugiam. — Respondit se appropinquare non ausurum.*

§ 6. *Hector, ignominiamne revereris? — Qui vicerit, illius reddet corpus, qui occisus erit (ou occisi corpus). — Tibi cessi, quia tecum configere non ausus sum. — Quo modo Achilles cum Hectore egit?*

§ 7. *Achillis vultus minax factus est, et vox irata. — Hector Achillis amicum armis exuerat. — Quanquam fœdere facto et composita pace, lupi oves dilaniaverunt. — Occasionem pacis componendæ omisimus. — Lupe, orem ne dilaniaveris.*

§ 8. *Hostibus vitam petentibus parcamus. — Miseri Trojani Hectorem inspectabant, qui ab Achille circum urbem raptabatur. — Pretiosiora dona afferenda sunt.*

CHAPITRE VI

Les deux principales cités grecques

Sparte et Athènes (Ire PARTIE) : Sparte.

1. Au centre du Péloponnèse de hautes montagnes entourent l'Arcadie. Des chaînes s'en détachent qui vont jusqu'à la mer. Entre elles, la rivière de l'Eurotas, sortie des montagnes comme un torrent, coule vers le sud dans une vallée assez large avec des rives couvertes de joncs. Sparte se trouvait sur un terrain en pente douce le long du fleuve. Les édifices n'étaient pas unis les uns aux autres; les maisons et les bourgades étaient répandues çà et là. Les hautes montagnes qui fermaient la vallée à peu de distance, montrant tantôt des rochers dénudés et fort élevés, tantôt, sur les pentes plus douces, de puissantes et vieilles forêts, donnaient à tout le site une grande beauté. La terre était assez fertile en certains endroits, mais partout elle exigeait beaucoup de travail.

2. Les Doriens, qui habitaient primitivement dans les vallons retirés et sauvages du Pinde, s'étaient autrefois dirigés vers le midi. Ils essayèrent d'abord de passer par l'étroit chemin de l'isthme de Corinthe. Mais les habitants du Péloponnèse les en

empêchèrent par la force des armes. Plus tard, ils franchirent le détroit qui sépare le Péloponnèse du continent et parvinrent dans cette région. Ils prétendaient revenir dans le séjour de leurs ancêtres, étant issus d'Hercule, qui avait été autrefois injustement chassé de ce pays par le roi Eurysthée. Aussi, comme s'ils avaient à se venger d'une ancienne injustice, ils réduisirent presque en esclavage les peuples voisins et les obligèrent à cultiver les champs pour nourrir les vainqueurs. Parmi ces peuples, les plus malheureux de beaucoup et les plus méprisés furent les Ilotes.

3. Les Spartiates étaient moins nombreux que ceux qu'ils dominaient. Aussi, comme s'ils vivaient dans un pays étranger et hostile, dans une atmosphère de haine et de dangers, ils étaient obligés d'être toujours en armes et sur leurs gardes. Ils avaient toujours à craindre que les peuples voisins, soumis par force, se soulevassent soudain pour reconquérir leur liberté. Les hommes valides ne passaient aucune journée sans se livrer aux exercices qui fortifient le corps et l'âme. Tous étaient persuadés qu'ils étaient nés pour la patrie et non pas pour eux-mêmes ou pour leurs parents. Ils n'avaient pas même fortifié leur ville, dans la pensée que les poitrines des citoyens lui tiendraient lieu de rempart.

4. Lycurgue avait donné à Sparte sa constitution. Il avait séjourné en Crète, en Égypte et en Asie et après avoir étudié les mœurs et les lois de nombreuses nations, il introduisit dans son pays les meilleures institutions qu'il eût découvertes. Selon les lois de Lycurgue, tous les Spartiates étaient égaux entre eux. Aucun d'eux n'avait le droit, non seulement d'amasser des richesses excessives, mais même de s'occuper à gagner de l'argent. Personne ne pouvait se livrer au commerce, à plus forte raison exercer un métier manuel. Bien plus, les lois interdisaient aux Spartiates de sortir du territoire de Lacédémone et de séjourner à l'étranger sans la permission des autorités.

5. Aussi, demeurant la plupart du temps dans leur patrie, ils jouaient en plein air en simple tunique ou s'exerçaient au maniement des armes, ou encore chassaient dans les forêts et les montagnes voisines. Les lois les empêchaient de tomber dans l'oisiveté ou la mollesse. Chacun, se contentant d'une vie simple, ne demandait rien de plus. Souvent même ils se rendaient à des banquets publics, où l'on servait les aliments les plus grossiers. Dans ces repas, le mets principal consistait en un brouet noir, que les écrivains ont plus d'une fois mentionné. Denys le tyran, qui y goûta, ne le trouva pas à son goût. Alors celui qui l'avait préparé lui dit : « Ce n'est pas surprenant ; car il y manque des

assaisonnements. — Lesquels donc? demanda Denys. — La fatigue de la chasse, la sueur, les courses le long de l'Eurotas, la faim, la soif. Car c'est avec cela que les Lacédémoniens assaisonnent leurs repas. »

THÈME D'IMITATION, § 3-5. — § 3. *Spartiatæ finitimis populis imperabant. — Arma et pectora nostra pro mœnibus esse putamus. — Libertatem vestram armis vindicare cogemini. — Persuasum habete animos corporis exercitationibus firmari.*

§ 4. *Spartiatarum mores perspexistis. — Esne in Asia commoratus? — In civitatem nostram, quas optimas invenerimus leges, conferemus. — Leges neminem vetant mercaturas faciendo pecuniam acquirere. — Ex agro nostræ civitatis eximus legum magistratuumque permissu.*

§ 5. *Unusquisque armis se exercet. — In propinqua silva venabor. — Simpliciorem cibum in publicis conviviis apponite. — Dionysius jure nigro Spartiatarum non delectatus est. — Labor, cursus, fames, sitis condimenta sunt, quæ plerumque in tyrannorum epulis defuerunt* (mieux que *deerant*).

6. Ces institutions et ces mœurs avaient rendu les Spartiates pleins de courage et d'endurance. C'était une gloire chez eux que de supporter aisément la douleur, d'obéir aux lois, d'exécuter avec diligence les ordres des autorités. Ils avaient même l'habitude de dédaigner la mort. Un Lacédémonien, dont on ne nous a même pas transmis le nom, après avoir été condamné par les Ephores, marchait au supplice. Non seulement il ne pâlit point, mais on prétend même qu'il garda un visage souriant et joyeux. Avec non moins de courage, Léonidas, aux Thermopyles, dit en plaisantant à ses compagnons : « Ce soir nous dînerons peut-être aux enfers. »

7. Mais le courage guerrier fut surtout honoré et estimé à Sparte. Au contraire, tout le monde méprisait et raillait les lâches. On faisait si peu de cas de ceux qui s'étaient gardés sains et saufs en fuyant durant la guerre, qu'ils trouvaient difficilement une place pour s'asseoir au spectacle. Certains, qui ne pouvaient échapper autrement au mépris de leurs concitoyens, se donnaient volontairement la mort.

8. Les vieillards étaient extraordinairement respectés à Lacédémone. On dit que la vieillesse y était plus heureuse que la jeunesse ou l'âge mûr, parce qu'elle avait moins de peine et plus d'autorité. Ce qu'il y a de sûr (*certe*), c'est que nulle part l'âge ne fut entouré d'autant de respect qu'à Sparte. Un jour, à Athènes, un vieillard, se présentant au théâtre, ne se vit céder une place

par aucun de ses concitoyens. Il s'approcha des ambassadeurs lacédémoniens, qui assistaient aux représentations : aussitôt ils se levèrent tous et lui firent place. Tout le peuple les applaudit longuement. Aussi l'on disait que Lacédémone était le séjour le plus honorable pour les vieillards.

9. C'était selon ces principes et ces méthodes qu'on les formait dans l'enfance. Les lois de Lycurgue ordonnaient qu'on instruisît la jeunesse non pas tant par l'étude des livres que par la chasse, la course, la faim, la soif, le froid, la chaleur. Parfois les enfants étaient frappés de verges, au point que le sang jaillissait en abondance de leurs blessures. Cependant aucun d'eux ne poussa jamais un cri, ou même ne laissa échapper une plainte. Cicéron lui-même, qui nous donne ces détails, vit à Lacédémone, longtemps après que cette nation avait cessé d'être puissante, des troupes de jeunes gens qui luttaient avec une ardeur incroyable à coups de poings et de pieds, en griffant et en mordant, au point qu'ils se faisaient tuer plutôt que de s'avouer vaincus.

10. Les Spartiates imposèrent même aux femmes cette habitude de l'effort pénible et cette endurance à l'égard de la douleur. Dans les autres villes, à l'abri des cloisons de leurs chambres, elles vivaient dans la mollesse. Mais ils ne voulurent voir rien de pareil chez les jeunes Lacédémoniennes. Elles s'occupaient de gymnastique, ne craignant ni le soleil, ni la poussière, ni la fatigue, ni même les exercices militaires.

11. Aussi l'histoire nous apprend que les femmes elles-mêmes montrèrent beaucoup de grandeur d'âme. Quand leurs fils avaient été tués, les Lacédémoniennes avaient coutume de soutenir avec fermeté la vue de leurs blessures. Si elles les voyaient blessés par devant, elles allaient à leurs funérailles joyeuses et sans pleurer. Quand elles les voyaient atteints de blessures par derrière, elles les faisaient enterrer secrètement.

12. Une mère, les yeux fixés sur son fils criblé de blessures, refusa de pousser une plainte, et tournée vers ses compagnes, elle leur dit : « N'est-il pas plus beau et plus enviable de rendre l'âme dans le combat que de vivre après avoir remporté une victoire aux jeux olympiques ? » Or, c'était chez les Grecs une gloire presque plus considérable que d'obtenir à Rome le triomphe. Une autre, à qui l'on disait que son fils était mort dans un combat, répondit : « Je l'avais mis au monde précisément pour qu'il n'hésitât pas à donner sa vie pour la patrie. »

13. Cependant on reproche à cette nation de n'avoir pas aimé l'étude des lettres. On ne cite pas un seul Lacédémonien qui soit parvenu au rang d'écrivain distingué. Ils s'intéressaient peu aux

poèmes, sauf à ceux de Tyrtée, qu'ils donnaient à apprendre aux enfants. Ils pensaient en effet que ces vers excitaient la jeunesse à ne pas craindre les dangers. Bien plus, ils parlaient habituellement peu, intentionnellement et comme en vertu d'un usage national. On a loué souvent leur brièveté (laconisme) dans la façon d'interroger ou de répondre. Dans leur langage, ils se faisaient une règle de ne pas employer plus de mots qu'il n'était nécessaire.

14. Grâce à ces mérites éprouvés et connus de tous, les Lacédémoniens furent souvent choisis comme chefs de la Grèce. Dans la guerre contre les Perses, le premier rôle leur fut confié par tous sans hésitation. Lorsque Xerxès vint attaquer toute l'Europe sur terre et sur mer, l'autorité suprême fut confiée à un Lacédémonien, Eurybiade. Sous le commandement de Pausanias, autre Lacédémonien, Mardonius, gendre du roi Darius, fut battu près de Platées par une troupe de Grecs assez peu considérable, malgré (avec) ses deux cent mille fantassins et ses vingt mille cavaliers.

THÈME D'IMITATION, § 11-14. — § 11. *Accepi Lacedæmonias feminas filiorum occisorum vulnera fortiter inspexisse. — Filium sepeliendum curavit. — Clam sepultus est. — Aversi vulnerati estis. — Funus sine lacrimis ducetur.*

§ 12. *Pulchrum est triumphasse : pulchrius est mortem pro patria occumbere. — Mater filium interfectum intueri non dubitat. — Ingemere nolemus, et animum in certamine, victoria parta, effabimus.*

§ 13. *Egregius ille scriptor reprehendebatur, quia pauca loquebatur. — De industria paucis verbis me interrogavisti. — Hanc viam respondendi semper tenui. — Paucis utere verbis. — Poema ediscendum mihi proposuit.*

§ 14. *Nobilitata erat Lacedæmoniorum ducum virtus. — Primas partes summamque imperii Pausaniæ propter spectatam ejus virtutem detulerunt.*

CHAPITRE VII

Les deux principales cités grecques.

Sparte et Athènes (2ᵉ PARTIE*) : Athènes.*

1. L'Attique est située à l'extrémité orientale de la Grèce. Elle est entourée en grande partie par la mer; c'est une presqu'île. De sa pointe extrême on peut apercevoir les îles appelées *Cyclades*. Les montagnes de ce pays sont de hauteur moyenne. On extrait de

quelques-unes de l'argent ou du marbre. Les abeilles récoltaient un miel très sucré sur les fleurs de l'Hymette. Les plaines y sont peu nombreuses et n'y ont pas une grande étendue. Le sol, qui est pierreux, est peu favorable au blé; il convient plutôt à l'olivier et à la vigne.

2. La ville d'Athènes est située dans une de ces plaines. Ce qui décida à fonder une ville en cet endroit, ce fut un rocher d'environ mille pieds de long sur trois cents de haut qui semble une citadelle naturelle. Du sommet de ce roc, comme d'un poste d'observation, on aperçoit au loin la mer. C'est là que s'établirent les premiers habitants; mais dans la suite, on construisit des maisons aux environs et le rocher ne fut plus qu'une citadelle entourée de remparts et ornée des plus beaux temples. Les environs sont arrosés par deux petits cours d'eau que l'été dessèche souvent; l'un d'eux coule auprès de la ville.

3. Une ancienne légende disait que les ancêtres des Athéniens n'étaient pas venus d'autres pays, qu'ils étaient nés de la terre même qui les nourrissait. Au contraire, beaucoup d'indices montrent que des races diverses, venant de pays différents, se sont rassemblées en cet endroit. On croyait que c'était le roi Thésée qui avait réuni les habitants, auparavant dispersés, en un seul endroit et en un seul corps de citoyens.

4. On racontait qu'après la mort de Thésée, Codrus, qui sacrifia sa vie pour ses concitoyens, régna à Athènes. Les Doriens émigraient alors : arrivés non loin d'Athènes, ils établirent leur camp en cet endroit, avec l'intention de chasser les habitants. Un oracle leur avait promis la victoire pourvu qu'ils épargnassent le roi d'Athènes. Codrus, qui le savait, se déguisa pour n'être pas reconnu, s'approcha ainsi du camp des envahisseurs et fut tué. Les Doriens, ayant reconnu son cadavre, n'osèrent plus attaquer la ville.

5. Mais le prestige des rois déclina peu à peu, tandis que la puissance des nobles (Eupatrides) s'accroissait. Ceux-ci firent sentir durement leur autorité sur le peuple. Presque seuls ils étaient propriétaires du sol, que cultivaient les autres citoyens. Aussi il y avait lieu de craindre que les pauvres, accablés de dettes, ne fussent réduits à la même condition et au même sort que les Hilotes chez les Lacédémoniens. Cette situation provoqua bien des émeutes et des dissensions.

6. Un seul homme, Solon, grâce à sa vertu et à sa sagesse, sut les apaiser par l'établissement d'une constitution équitable. Il passe pour avoir été le plus sage des *Sept sages* qui vécurent, dit-on, à la même époque. Il fut, en effet, non seulement le

citoyen le plus en vue de son pays et un illustre législateur, mais il se distingua encore comme poète. Il voyagea aussi beaucoup pour connaître les mœurs de tous les peuples. Lorsqu'il rentra enfin dans sa patrie, il employa son expérience à procurer la tranquillité à ses concitoyens. Il se plut à composer des vers jusqu'à la fin de sa vie.

7. Les belles réponses qu'il fit au roi Crésus méritent d'être rapportées. S'étant rendu auprès de ce roi, il fut accueilli avec les plus grands égards. Crésus ordonna qu'on lui ouvrît tous ses trésors et qu'on lui montrât toutes ses richesses. Quand il eut tout vu, le roi lui demanda s'il connaissait un homme plus heureux que lui. Solon répondit que l'Athénien Tellus lui avait paru le plus heureux de tous les hommes ; car il était mort pour sa patrie dans un combat où les troupes ennemies avaient été mises en déroute, et il avait laissé après lui de beaux et bons enfants.

8. Il ajouta qu'après Tellus il considérait comme les plus heureux deux jeunes Argiens, Cléobis et Biton, fils d'une prêtresse argienne. C'est une histoire bien connue. La loi exigeait que leur mère fût conduite en char à un sanctuaire assez éloigné de la ville, où les Argiens se disposaient à offrir un sacrifice solennel à Junon. Mais les bœufs qui devaient tirer le char étaient encore aux champs. Comme l'heure du sacrifice approchait, les jeunes gens s'attelèrent au joug. La prêtresse fut ainsi amenée jusqu'au sanctuaire, à une distance de plus de quatre milles, par ses enfants attelés au char.

9. Les Argiens accoururent auprès d'eux. Faisant cercle autour des deux jeunes gens, ils ne pouvaient se lasser d'admirer leur vigueur ; quant aux Argiennes, elles félicitaient leur mère d'avoir mis au monde des fils aussi vigoureux physiquement que remarquables pour leur piété filiale. La mère, enchantée de la conduite et de la bonne renommée de ses enfants, pria, dit-on, la déesse de leur donner une récompense en retour de leur piété. Elle ne demandait rien de précis, mais ce qu'il y avait de meilleur pour un être humain. A la tombée de la nuit, les jeunes gens, après avoir mangé en compagnie de leur mère, se couchèrent pour dormir dans le temple même : le matin on les trouva morts. C'est pour cela que Solon affirmait que la mort était un grand bien pour les hommes vertueux et qu'aucun homme ne pouvait être appelé heureux avant sa mort. Voilà ce que, sur la foi d'Hérodote, on raconte de la sagesse de Solon.

THÈME D'IMITATION, § 8-9. — § 8. *Secundum me beatissimus es.* — *Les jubet eos curru in oppidum vehi.* — *Fabula notissima est.* —

Sacerdos a duobus juvenibus advecta est, qui ad jugum accesserant. — Templum mille passus abest ab urbe. — Cur in agris moraris? Instat hora.

§ 9. Hos adulescentes mirabamur et mirantes magnopere gaudebamus. — Ei gratulari potestis, quod optima præmia petierit. — Pietas omnium rerum optima est. — Affirmat Herodotus juvenem a matre inventum esse mortuum in deæ templo. — Sub noctem mater cum filiis epulata est. — Da nobis aliquod pietatis nostræ præmium. — Vires sapientiamque horum juvenum satis mirari non possumus. — Duo filii a sua matre felices dici poterunt.

10. Quelles que fussent la solidité et la stabilité que Solon paraissait avoir données par ses lois à la république athénienne, elle se transforma pourtant peu d'années après. Pisistrate, partisan du régime démocratique, s'empara du pouvoir. Il ne se conduisit pas en cruel tyran; il se montra généreux au contraire envers ses concitoyens. Il orna la ville des plus beaux et des plus utiles édifices. C'est lui qui répartit en livres les œuvres d'Homère, dans l'ordre où nous les avons aujourd'hui. Il acheta même de très nombreux livres et construisit une bibliothèque où le public pouvait venir s'adonner à la lecture.

11. A sa mort, ses deux fils, Hippias et Hipparque, lui succédèrent. Eux aussi se montrèrent ardents protecteurs des lettres et des arts. Mais s'étant laissés entraîner par les passions de la jeunesse, ils mécontentèrent le peuple. Ils outragèrent même quelques citoyens; aussi furent-ils considérés par la plupart comme de cruels tyrans. Deux jeunes gens d'Athènes, Harmodius et Aristogiton, à l'égard desquels ils avaient eu de graves torts, complotèrent de les assassiner. Ils trouvèrent de nombreux complices et un jour de fête fut fixé pour l'accomplissement du meurtre.

12. Harmodius et Aristogiton cachèrent des poignards sous des branches de myrte. Ensuite ils se rendirent à l'endroit où les deux jeunes chefs de l'État préparaient une procession, qu'ils se disposaient à conduire au temple de Minerve dans la citadelle. Là ils aperçurent un des conjurés qui parlait familièrement avec Hippias. Aussitôt ils pensèrent qu'une dénonciation les avait trahis. Ils se retirèrent donc à quelque distance de cet endroit et, rencontrant par hasard Hipparque, ils lui plongèrent leurs poignards dans la poitrine. Harmodius, criblé de blessures par les satellites du jeune prince, tomba mort.

13. Quant à Aristogiton, il fut saisi et conduit devant l'autre tyran. Celui-ci le fit mettre sur le chevalet de torture et ordonna qu'on lui fît subir les plus cruels tourments jusqu'à ce qu'il eût

livré les noms de tous ses complices. Aristogiton, faisant semblant de céder aux menaces et aux souffrances, ne nomma aucun de ses complices, mais les amis les plus fidèles du tyran. Celui-ci, fou de colère, les faisait mettre à mort immédiatement. Lorsque enfin Aristogiton se tut, le tyran lui demanda : « As-tu encore d'autres scélérats à dénoncer? — Il ne reste plus que toi, répondit Aristogiton ; je meurs, mais non pas sans vengeance, car tu as toi-même ôté la vie à tes meilleurs amis. »

14. Après le renversement des tyrans, les arts et les lettres se développèrent merveilleusement à Athènes. La gloire militaire ne manqua pas pour cela à cette cité. Elle repoussa et battit les Perses au moment de leur invasion, avec autant de courage que les Lacédémoniens. Mais, gloire que Sparte n'obtint jamais, cette ville a été appelée jusqu'à notre époque et sera toujours appelée le berceau des sciences et des arts.

CHAPITRE VIII

Un épisode des guerres médiques.

Léonidas aux Thermopyles.

1. Léonidas, roi de Sparte, avait pour consigne d'empêcher l'armée perse de franchir les Thermopyles. Il choisit trois cents hommes pour les emmener avec lui. Il les prit tous parmi les hommes faits ; tous avaient des enfants. Il pensait que de tels hommes mettraient plus de fermeté et de constance à repousser l'ennemi. Ils savaient en effet qu'ils combattaient pour empêcher que leurs fils ne devinssent les esclaves des Perses.

2. Des guerriers de nations voisines, surtout des Thespiens et des Phocidiens, plus remarquables par leur courage que par leur nombre, se joignirent à la petite troupe de Léonidas. Ils se postèrent tous dans le défilé des Thermopyles, à l'exception de mille Phocidiens, qui furent placés au sommet de la montagne, pour empêcher que l'ennemi ne tournât la position des autres.

3. C'est là que se présenta peu de jours après Xerxès à la tête de toutes les troupes qu'il avait fait passer en Europe. Léonidas et ses compagnons apercevaient les innombrables tentes des Barbares en face d'eux sur le flanc de la montagne. A cette vue, non

seulement la terreur ne s'empara pas de l'âme des Grecs, mais au contraire ils s'exhortaient réciproquement à résister avec courage.

4. Quelques-uns même plaisantaient. Leur chef, Léonidas, disait en plaisantant à ses soldats : « Soyez braves, ô Lacédémoniens : peut-être dinerons-nous ce soir dans les enfers. » Un autre, à qui l'on avait dit que le ciel et la lumière du soleil seraient obscurcis en raison du grand nombre des traits et des flèches, répondit : « Tant mieux, nous combattrons à l'ombre. »

5. Xerxès était assis en un lieu élevé d'où l'on pouvait apercevoir la petite troupe des Grecs. Il désirait voir comment des hommes si peu nombreux oseraient soutenir le choc de ses soldats. Pour connaître plus exactement leur nombre, il envoya un cavalier avec mission de s'approcher le plus possible de leur camp et de revenir lui rendre compte après avoir tout examiné.

6. Les Grecs virent ce cavalier s'approcher d'eux ; mais ils s'inquiétèrent peu de ses intentions ou de ses actes. Quelques-uns, qui étaient en train de se peigner, ne cessèrent même pas. Le cavalier, après avoir tout parcouru des yeux, revint auprès du roi, et lui rendit compte de son examen. Il déclara que les Grecs étaient peu nombreux ; que certains étaient occupés à manier leurs armes, d'autres à peigner leurs cheveux. Tout cela étonna beaucoup le roi.

7. Aussi fit-il venir auprès de lui Démarate, transfuge lacédémonien, qui se trouvait dans le camp à titre d'ami du roi, et il l'interrogea sur ces détails. Celui-ci lui répondit : « J'ai l'habitude de te dire la vérité, je n'agirai pas autrement même aujourd'hui. Sache que ces hommes vont combattre avec beaucoup d'ardeur et que, sans aucunement craindre la mort, ils vont essayer de barrer le passage à ton armée. Je m'en rends compte par leur conduite actuelle. Car c'est une habitude chez les Lacédémoniens de peigner leur chevelure et d'orner leur tête de couronnes avant le début du combat, comme si un sort heureux les attendait, soit la mort, soit la victoire.

Thème d'imitation, § 5-7. — § 5. *Sedens Xerxes parvam Græcorum manum conspiciebat. - Equitum impetum sustinebimus. — Accede proxime ad Græcos, omnia speculare, mihique renuntia eorum numerum ac locum castrorum. — Accedat, speculetur.*

§ 6. *Eum vidimus crines pectentem. — Attendite. — Arma tractare desinunt, quia in perlustrando oculis rege sunt occupati. — Regi renuntiabo omnia, quæ miratus ero.*

§ 7. *Regis hospitem de exercitu interrogavit. — Acriter dimicare conati sunt. — Lacedæmoniorum mores intellegemus. — Ad victo-*

*rium proficiscentes, capita coronis ornabant. — Solebas sine met
dimicare, non secus fecimus. — Transasfos non sequemur.*

8. Xerxès s'étonnait de l'audace ou plutôt de la folie des Grecs,
qui se disposaient à résister à des troupes si considérables. Il
envoya à Léonidas un messager pour lui dire au nom du roi :
« Si tu veux m'obéir, je te donnerai l'empire de la Grèce. » Mais
Léonidas répondit qu'il aimait mieux mourir pour sa patrie que
de la réduire en servitude. Alors le roi lui envoya une lettre qui
portait ces mots : « Rends-moi tes armes. » Léonidas lui fit
reporter la lettre après avoir simplement écrit au-dessous ces
mots : « Viens les prendre. »

9. Bien que cette réponse eût excité sa colère, cependant Xerxès
garda encore ses troupes dans son camp durant quatre jours. Il
espérait que les Grecs se retireraient d'eux-mêmes. Comme ils
ne bougeaient pas, il ordonna à une troupe considérable de Mèdes
de marcher au combat et de les repousser par la force.

10. Le roi avait donné l'ordre à ses soldats de lui amener les
Grecs vivants ou morts. Aussi le combat fut-il violent. Mais les
Barbares ne purent chasser de leur position les compagnons de
Léonidas. Parfois, il est vrai, les Spartiates reculaient, ou bien,
feignant d'être effrayés par la multitude des ennemis, ils se met-
taient à fuir. Mais, peu après, ils se retournaient soudain et mas-
sacraient les ennemis qui les poursuivaient en désordre.

11. C'est alors que Xerxès lança sa garde contre la ligne des
Grecs. Ces soldats d'élite s'appelaient les *Immortels;* ils étaient
la troupe la plus solide de toute l'armée. Mais les Grecs soutinrent
sans peine leur violente attaque. Ils ne reculèrent pas. Le lendemain, Xerxès pensa que les Grecs, qui étaient peu nombreux et
avaient combattu la veille durant de longues heures sans inter-
ruption, étaient épuisés de fatigue et pourraient difficilement
soutenir le poids de leurs armes.

12. Le combat ayant donc recommencé de plus belle, des
troupes fraîches de Barbares luttaient contre les Grecs à la fois
fatigués et blessés. C'est alors que le roi put se rendre compte
qu'il avait dans son armée un grand nombre d'hommes, mais
un petit nombre de vrais soldats. En effet les Barbares ne réussirent pas davantage. C'est en vain que des hommes armés de
fouets et placés derrière la ligne de bataille, obligeaient les Barbares à avancer et les empêchaient de reculer.

13. Plus d'une fois les Grecs vainqueurs, ayant repoussé les
ennemis, s'approchèrent du camp des Mèdes. Xerxès, qui regardait le combat, se leva de son trône trois fois, tout tremblant.

pour fuir, dans la crainte qu'il ne fût pris lui-même. Le roi ne savait plus que faire, lorsqu'un Grec, traître à sa patrie, alla le trouver. Cet homme a toujours été et sera toujours regardé comme un abominable scélérat par tous les vrais patriotes.

14. Ce misérable déclara qu'il habitait aux environs; qu'il connaissait un sentier par où les Barbares pouvaient franchir la montagne et prendre à revers les Grecs. Xerxès, ravi de l'occasion qui s'offrait à lui d'une façon si inespérée, fit partir une troupe importante de Mèdes vers le soir avec l'ordre de gravir de nuit la montagne.

15. La troupe des Mèdes, dont le roi avait confié le commandement à Hydarnès, parvint à minuit sur le sommet. Mille Phocidiens occupaient cette position. Ils entendirent les Mèdes approcher, car la troupe ennemie montait à travers un bois de chênes et les feuilles sèches dont le sol était jonché craquaient sous les pieds.

16. Les Phocidiens avaient à peine mis leurs casques et leurs cuirasses, que les Mèdes se montrèrent sur le faîte de la montagne. On était en effet au milieu de l'été et la nuit n'était nullement obscure. Les Barbares, à force de lancer des traits et des flèches, repoussèrent les Phocidiens; puis, sans plus s'en préoccuper, ils commencèrent à descendre par l'autre flanc de la montagne, qui est plus rapide et plus court.

THÈME D'IMITATION. § 14-16. — *§ 14. Semita montis totiusque regionis nota sunt. — Tibi dico hominem istum sceleratum esse. — Ejus regionis incolae, hac semita montem transgressi, Barbaros aversos adorientur. — Occasio montem noctu ascendendi nobis offertur.*

§ 15. Rex eum agmini praefecit. — Media nocte in summum quercetum pervenimus. — Solum querceti foliis siccis opertum erat. — Appropinquantibus Medis folia sonuerunt.

§ 16. Loricam galeamque indue. — Media aestate noctes non obscurae sunt. — Multa tela pluresque etiam sagittas conjecimus. — Barbari jam in proniore latere montis erant. — Vix descendere coepimus, cum tela a Medis conjecta sunt.

17. Les Spartiates qui se trouvaient dans le défilé apprirent vers l'aurore que l'ennemi tournait leur position. Ils en furent informés par les sentinelles, qu'ils avaient placées dans la montagne. A la vue des ennemis, elles avaient rejoint en hâte leurs compagnons. Mais dès la veille, les devins, après avoir examiné les entrailles des victimes, avaient averti que la mort était imminente. Néanmoins tous avaient résolu de ne pas manquer à leur devoir.

18. Léonidas, avant l'arrivée des Mèdes qui allaient l'attaquer par derrière, renvoya chez eux tous ses alliés sauf les Spartiates, pour les réserver à la défense de la patrie. Mais il estima qu'il n'avait pas le droit d'abandonner le poste qui lui avait été confié. Les Thespiens, ne voulant pas le quitter, demeurèrent aussi et partagèrent son sort.

19. Les Grecs n'attendirent pas qu'Hydarnès se montrât avec ses soldats; ils fondirent les premiers sur les ennemis et en tuèrent un grand nombre. Mais bientôt Hydarnès apparut et les attaqua à revers. Les Grecs se retirèrent alors sur une éminence qui se trouvait près de là. Ils résistèrent encore longtemps en cet endroit bien qu'il ne restât aucun espoir de salut. Ils succombèrent finalement sous une grêle de traits.

20. Telle fut la mort de ces braves, dont la conduite mémorable fera toujours l'admiration de tous. On leur donna la sépulture à l'endroit même où ils avaient succombé en combattant pour leur pays. On y éleva un monument, qui portait gravée sur sa base une inscription grecque célèbre. C'étaient deux vers de Simonide, que Cicéron, le plus éloquent des orateurs romains, a traduits du grec en latin de la façon suivante : « Étranger, va dire à Sparte que tu nous as vus étendus morts ici, pour avoir obéi aux lois sacrées de la patrie. »

3*

QUATRIÈME PARTIE

(*EXTRAITS DU* DE VIRIS ILLUSTRIBUS)

I. — Origine de l'Empire romain.

1. Proca, roi d'Albe, eut deux fils, Numitor et Amulius. Il laissa le trône à Numitor qui était l'aîné ; mais Amulius chassa son frère et s'empara de la royauté. Ensuite, pour qu'il n'eût pas de descendants, il plaça les petits-fils de son frère, Romulus et Rémus, encore tout jeunes, dans une nacelle et les abandonna au courant du Tibre qui débordait alors. Mais la crue diminuant, l'eau les déposa sur un terrain sec. La solitude régnait alors au loin dans ces lieux. La tradition rapporte qu'une louve accourut à leurs vagissements, lécha les deux enfants, leur donna son lait et se comporta comme une mère.

2. La louve étant revenue à plusieurs reprises auprès des bébés comme si c'étaient ses petits, Faustulus, berger des troupeaux du roi, s'en aperçut. Il rapporta les enfants dans sa cabane et les donna à élever à sa femme, Acca Laurentia. Grandissant ainsi parmi les bergers, ils commencèrent par s'aguerrir en luttant pour s'amuser ; ensuite ils se mirent à parcourir les bois dans leurs chasses ; finalement, ils s'opposèrent aux brigands qui venaient voler le bétail. Aussi, ces brigands leurs dressèrent une embuscade et s'emparèrent de Rémus. Quant à Romulus, il recourut à la force pour se défendre. C'est alors que Faustulus se trouva obligé de lui révéler qui était son grand-père. Aussitôt Romulus arma les bergers et se rendit en hâte à Albe.

Thème d'imitation, I, § 1-2. — **1. 1.** *Amulius fratrem*[1] *Numitorem, Albanorum regem, pepulit.* — **2.** *Uter*[2] *natu major erat ?* —

---

1. **Suum** serait inutile (Gr. § 139) et *ejus* serait un solécisme (Gr. § 140).

2. **Uter** doit être connu par la grammaire § 42.

3. Hoc flumen super ripas effusum est[1], sed relabetur et eas in sicco relinquet. — 4. Fama tradit lupam in iis solitudinibus fuisse. — 5. Regem te geres. — 6. Cum relapsum erit hoc flumen, accurretis.

2. *1. Lupa catulos Albam pastori Faustulo feremus, educandosque[2] dabimus. — 2. Latrones pastorum illorum pecora capere cœperunt. — 3. Si latrones illi revertentur[3], rem animadvertemus iisque insidiabimur. — 4. Peragrando[4] saltus vires augebitis.*

3. Cependant les brigands conduisirent Rémus en présence du roi Amulius, l'accusant de ravager habituellement les troupeaux de Numitor. Aussi Rémus fut livré par le roi à Numitor pour qu'il le fît périr. Celui-ci, en considérant les traits du jeune homme, faillit reconnaître son petit-fils. Rémus en effet ressemblait beaucoup de visage à sa mère et son âge correspondait au moment où les enfants avaient été abandonnés. Tandis que Numitor était troublé par ce doute, Romulus survint, délivra son frère et, après avoir tué Amulius, remit sur le trône son grand-père Numitor.

4. Ensuite Romulus et Rémus fondèrent une ville dans les lieux où ils avaient été abandonnés, puis élevés. Mais une discussion naquit entre eux sur la question de savoir lequel des deux donnerait son nom à la ville nouvelle et en serait le chef. Ils eurent recours aux auspices. Rémus vit le premier six vautours, Romulus n'en vit qu'après lui, mais ils étaient douze. En conséquence Romulus, favorisé par les présages, donna à la ville le nom de Rome. Comme s'il eût voulu que les règlements, avant même les remparts, la protégeassent, il défendit de franchir l'enceinte. Rémus, par dérision, la franchit d'un saut. Romulus irrité le tua, en exprimant ainsi ses reproches : « Ainsi sera puni désormais quiconque franchira mes remparts. » Romulus se trouva donc seul maître du pouvoir.

THÈME D'IMITATION. I. §3-4. — **3.** *1. Latro, qui pastorem conjugemque ejus[5] interfecerat, ad regem perductus est. — 2. Rex ille, latrones qui ejus[6] greges infestabant, ad supplicium tradere solebat. — 3. Cum avo simillimus esset[7], eum agnovimus. — 4. Haud procul*

---

1. **Effunditur** signifierait « est en train de se répandre » : *effusum est* marque un état actuel résultant d'une action passée (Gr. § 207).

2. **Eos** aussi bien que *ei* est inutile, Gr. § 134.

3. Le futur ou le futur passé. Gr. § 303, 2.

4. On *peragrandis saltibus*, Gr. § 235.

5. Et non pas *suos*. Avec deux mots unis par *et* on emploie *ejus* comme s'il s'agissait de deux propositions distinctes (Gr. § 142, note).

6. **Ejus**, parce que le possessif renvoie, il est vrai, au sujet de la principale, mais le subordonnée ne représente pas la pensée de ce sujet (Gr. § 141).

7. Le subjonctif, parce que cela renferme une idée causale : parce qu'il ressemblait (Gr. § 319).

fuit quia fratrem interficeret, sed postquam oris lineamenta agno-
rit, eum ad aram perduxit, quem in regnum restituit.

4. 1. Utram eorum nominum urbi dabimus, quam sumus in eo
loco condituri? — 2. Urbs mœnibus vallisque munita[1] erat. — 3.
Quicumque vultures duodecim viderit, urbe potietur. — 4. Orta in-
ter eos contentione, Romulus Remum interfecit. — 5. O Romule,
edic[2] ne frater[3] auspicia adhibeat.

II. — Romulus, premier roi de Rome.

1. Romulus avait créé l'apparence d'une ville plutôt qu'une
ville véritable : les habitants manquaient. Il y avait dans les
environs un bois sacré, il en fit un asile. Une foule de brigands
et de bergers y accourut aussitôt. Comme Romulus lui-même et
ses sujets n'avaient pas d'épouses, il envoya des députés aux
peuples voisins pour demander leur alliance et le droit d'épouser
leurs filles. Cette députation ne fut bien accueillie nulle part ; on s'en
moqua même : « Pourquoi, disait-on, n'avez-vous pas ouvert aussi
un asile pour les femmes ? Vous auriez ainsi des ménages bien assor-
tis. » Romulus, dissimulant son mécontentement, prépare des
réjouissances publiques : il fait annoncer ce spectacle aux peuples
voisins. Les gens arrivèrent en foule, curieux qu'ils étaient aussi
de voir la ville nouvelle ; des Sabins surtout vinrent avec leurs
femmes et leurs enfants. Quand ce fut l'heure du spectacle et
que toute l'attention y fut fixée aussi bien que les yeux, à un
signal donné, les jeunes filles furent enlevées. Ce fut là une
cause immédiate de guerre.

2. Les Sabins, pour venger le rapt de leurs filles, entreprirent
la guerre contre les Romains. En approchant de Rome, ils ren-
contrèrent la jeune Tarpéia qui était descendue pour puiser l'eau
du sacrifice. Son père commandait la garnison de la citadelle de
Rome. Titus Tatius, chef des Sabins, lui laissa choisir le présent
qu'elle voudrait, à condition qu'elle fît pénétrer son armée dans
le Capitole. Elle demanda ce que les Sabins portaient à la main
gauche, c'est-à-dire des anneaux et des bracelets. On le lui promit par fraude et quand elle eut conduit les Sabins dans la citadelle, Tatius la fit périr sous le poids des boucliers : car les

---

1. **Muniebatur** signifierait qu'on était
« en train de » la munir (Gr. § 207).

2. **Dicere** fait *dic* à l'impératif, mais
les composés ont l'impératif régulier. Il
en est de même des composés de *facio*
et, généralement, des composés de *duco*.
Au contraire les composés de *fero* font
offer, confer, etc.

3. **Tuus** n'est pas nécessaire (Gr.
§ 139).

Sabins avaient aussi des boucliers à la main gauche. Ainsi cette odieuse trahison fut vite punie.

3. Romulus marcha contre Tatius et engagea le combat à l'endroit où se trouve actuellement le forum romain. Au premier choc, un des Romains les plus remarquables, nommé Hostilius, qui combattait avec beaucoup de courage, mordit la poussière. Sa mort consterna les Romains, qui commencèrent à fuir. Déjà les Sabins criaient : « Nous avons battu ces hôtes perfides, ces ennemis sans courage. Ils se rendent compte maintenant que combattre contre des hommes n'est pas aussi facile que d'enlever des jeunes filles. » Alors Romulus, levant ses armes vers le ciel, promit un temple à Jupiter ; dès lors son armée, par l'effet du hasard ou d'une volonté divine, cessa de reculer. Le combat recommence de plus belle. Mais les femmes enlevées osèrent se jeter, les cheveux épars, au milieu des traits qui volaient de tous côtés. Suppliant d'une part leurs pères, de l'autre leurs maris, elles firent cesser la lutte.

4. Romulus conclut un traité avec Tatius et admit les Sabins dans sa ville. Il choisit une centaine d'hommes parmi les plus âgés, pour tout administrer d'accord avec eux. En raison de leur âge, ce conseil s'appela Sénat. Il établit trois centuries de chevaliers et partagea le peuple en trente curies. Ces mesures une fois prises, il passait en revue son armée auprès du Marais de la Chèvre quand un orage éclata avec un grand bruit de tonnerre : Romulus disparut. On crut généralement qu'il avait rejoint les dieux. Un noble, du nom de Proculus, confirma cette croyance. Car, à l'occasion d'une violente querelle entre les sénateurs et la plèbe, il se présenta devant l'assemblée et affirma sous serment que Romulus lui était apparu sous une forme plus auguste que de son vivant, et qu'il leur recommandait d'éviter les querelles et de pratiquer la vertu. C'est ainsi que Romulus fut honoré comme un dieu et surnommé Quirinus.

III. — Numa Pompilius, deuxième roi de Rome.

1. Numa Pompilius succéda à Romulus. C'était un homme éminemment juste et pieux. On le fit venir de Cures, petite ville de la Sabine. Établi à Rome, il institua de nombreuses cérémonies religieuses, afin d'adoucir, par le culte des dieux, un peuple encore farouche. Il consacra un autel à Vesta et chargea les Vestales d'y entretenir sans cesse le feu. Il créa, comme prêtre de

Jupiter, un Flamine, qu'il honora d'un vêtement particulier et de la chaise curule. Il choisit, comme prêtres de Mars, douze Saliens qui portaient périodiquement à travers la ville, avec des chants et des danses rituelles, certains boucliers qu'on regardait comme des gages de puissance venus du ciel. Il divisa l'année en douze mois selon les révolutions de la lune ; il institua des jours fastes et néfastes ; il fit mettre des portes au temple du double Janus, pour en faire le signe de la paix et de la guerre : ouvert, il avertissait que la cité était sous les armes ; fermé, que tous les peuples voisins étaient en paix.

2. Numa établit aussi beaucoup de lois utiles. Afin de donner plus d'autorité à ses institutions, il fit semblant d'avoir des entretiens nocturnes avec la nymphe Égérie, prétendant que toutes ses décisions étaient dictées par elle. Il existait un bois sacré dont le milieu était arrosé par une source intarissable. Souvent Numa y pénétrait sans témoins comme pour une entrevue avec cette déesse. Il sut si bien répandre l'esprit religieux parmi son peuple que les promesses et les serments avaient autant de force que la crainte des lois et des châtiments. Il n'entreprit aucune guerre, mais ne servit pas moins bien sa patrie que Romulus. Mort de maladie, il fut enseveli sur le Janicule. Ainsi deux rois successivement augmentèrent la puissance de la cité, l'un grâce à la guerre, l'autre grâce à la paix. Romulus régna trente-sept ans ; Numa quarante-trois.

IV. — Tullus Hostilius, troisième roi de Rome.

1. Après la mort de Numa, Tullus Hostilius fut créé roi. Non seulement il ne ressemblait pas au roi précédent, mais il se montra même plus intraitable que Romulus. Sous son règne une guerre éclata entre les Albains et les Romains. Les deux chefs, Hostilius et Suffétius, décidèrent de confier le sort des deux peuples à la bravoure de quelques combattants seulement. Or, il y avait dans l'armée romaine trois jumeaux, les Horaces ; de même chez les Albains, les Curiaces. Les rois convinrent avec eux qu'ils combattraient les uns et les autres pour leur patrie respective. Un traité fut conclu aux termes duquel la suprématie devait appartenir au pays qui aurait la victoire. Les jumeaux des deux pays prennent leurs armes et s'avancent dans l'espace qui séparait les deux armées. Des deux côtés les soldats s'étaient assis. On donne le signal et les deux groupes de trois combattants s'élancent en se menaçant de leurs armes.

2. Quand, au premier choc, les armes retentirent, les spectateurs frissonnèrent. Dès que les combattants furent aux prises, deux Romains tombèrent immédiatement l'un sur l'autre, frappés à mort. Les trois Albains furent blessés. Au moment où les Romains s'affaissèrent, l'armée des Albains poussa un cri de joie. Déjà les Romains perdaient tout espoir. Un Horace, resté seul, était entouré par les trois Curiaces. Quoique sans blessure, il se trouvait plus faible que les trois ensemble : aussi fit-il semblant de fuir pour attaquer à part et individuellement ses adversaires qui allaient le poursuivre avec une vitesse inégale. Sa fuite l'avait déjà passablement éloigné du lieu du combat, lorsque, se retournant, il voit qu'un des Curiaces se rapprochait de lui. Il revient rapidement sur ses pas pour l'attaquer et pendant que l'armée albaine crie aux Curiaces de porter secours à leur frère, Horace l'a bientôt tué. Ensuite il mit à mort le second, avant que le troisième eût pu le rejoindre.

3. Il ne restait plus qu'un combattant de chaque côté ; mais ils n'avaient ni la même confiance, ni les mêmes forces. L'un n'était pas blessé ; l'autre avançait à peine, épuisé par sa blessure et sa course. Ce ne fut pas même un combat. Le Romain, ivre de joie, achève son adversaire qui pliait sous le poids de ses propres armes. Après l'avoir abattu, il le dépouille. Les Romains triomphants accueillent Horace avec des félicitations et l'accompagnent jusque chez lui. Horace marchait le premier, portant fièrement les dépouilles des trois frères. A sa rencontre vint sa sœur, qui avait été fiancée à l'un des Curiaces. En voyant, sur les épaules de son frère, le manteau de son fiancé, qu'elle avait confectionné elle-même, elle se mit à pleurer et à dénouer ses cheveux. La douleur de sa sœur, qui contrastait avec la joie publique, souleva la colère de l'intraitable jeune homme. Tirant son glaive, il transperça la jeune fille en lui adressant ces reproches : « Va rejoindre ton fiancé, que tu aimes d'un amour indigne puisque tu en oublies tes frères et ta patrie. Ainsi périsse toute Romaine qui pleurera un ennemi de Rome. »

THÈME D'IMITATION, IV. § 1-3. — **1**. 1. *Tullio Hostilio regnante, fata*[1] *Albanorum Romanorumque Horatiis Curiatiisque commissa sunt.* — **2**. *Scimus, unde victoria erit, ibi quoque imperium fore.* — **3**. *Juvenes illi pro sua quisque patria*[2] *dimicaverunt.* — **4**. *Horatii, quibus Romanorum fata commissa erant, Curiatiis ferociores*

---

1. De préférence le pluriel, puisqu'il s'agit de deux peuples : le latin dit : on leur coupa les têtes.

2. Cette place de *quisque* est si habituelle qu'il faut la considérer comme obligatoire.

fuerunt. — 5. Duo exercitus infestis armis[1] utrinque processe-runt.

__2.__ 1. Ut nos aggressi sunt Romani[2] conclamantes armaque incre-pare cœperunt, ingenti horrore perstricti sumus. — 2. Nonne tribus illis[3], qui haud procul a vobis vulnerati erant, opem tulistis? — 3. Respicientes[4] videte fugam illius exercitus, quem spes deseruit. — 4. Ut in eos rediimus separatimque aggressi sumus, horrore per-stricti, conclamantes[5] aufugerunt : impares enim[6] nobis erant.

__3.__ 1. Paludamentum, quod sorores meæ ipsæ confecerunt, cum gaudio accepi. — 2. Nunquam patriæ obliviscéris. 3. Eum demum deduximus, hoc fessum cursu, fessumque duobus vulneribus corpus male sustinentem. — 4. Gladiis strictis, illos transfigite hostes ut, eorum spoliis super humeros vestros visis, vobis gratulemur. — 5. Quoniam hostibus nostris non pares (ou impares) sumus, abeamus.

4. Cet acte parut indigne aux sénateurs comme au peuple. Horace fut donc conduit immédiatement en justice et condamné par ses juges. Déjà le licteur s'était approché de lui et s'apprêtait à le garrotter. Alors Horace en appela au peuple. Cependant le vieux père d'Horace déclarait bien haut que sa fille avait mérité la mort. Prenant dans ses bras le jeune homme et montrant les dépouilles des Curiaces, il priait le peuple de ne pas le priver entièrement d'enfants. Le peuple ne put résister aux larmes du vieillard. Il acquitta le jeune guerrier plutôt par admiration pour son courage que par esprit de justice. Pourtant, afin que le meurtre, qui était indéniable, fût expié, le père fit certains sacri-fices, plaça transversalement, d'une maison à l'autre, une poutre et fit passer par-dessous son fils, la tête voilée, comme sous le joug. C'est ce qu'on appela la poutre de la sœur.

5. La paix conclue avec Albe ne dura pas longtemps ; car Suf-fétius, chef des Albains, se voyant impopulaire parmi ses conci-toyens pour avoir terminé la guerre par le combat de quelques hommes, excita, pour remédier à sa situation, les Véiens contre les Romains. Quant à lui, lorsque Tullus l'appela à son secours, il fit prendre position à son armée sur une colline pour se rendre

---

1. On pourrait dire *cum infestis armis*, puisqu'il s'agit de marquer l'accompagne-ment, mais en pareil cas la suppression de *cum* est plus ordinaire (Gr. § 158 et note).

2. Il faut avoir soin de placer *concla-mantes* de manière qu'il ne semble pas se rapporter à *nos*.

3. L'antécédent du pronom relatif est souvent accompagné du démonstratif en latin, lorsqu'il serait en français précédé de l'article défini.

4. Le latin préfère employer le parti-cipe là où il y aurait en français deux courtes propositions principales coordon-nées par « et ».

5. **Conclamantes** et non *conclamando* (Gr. § 239).

6. Le latin accuse plus fortement que le français les relations entre les idées ; de là un emploi plus fréquent des conjonc-tions de coordination comme *enim, autem, igitur*, etc.

compte de la tournure du combat et se rallier au plus fort. Tullus devina cette intention et dit bien haut que Suffétius agissait par son ordre afin de cerner l'ennemi. À ces paroles, les ennemis effrayés se laissèrent vaincre. Le jour suivant Suffétius vint féliciter Tullus, mais celui-ci le fit attacher à un char attelé de quatre chevaux et écarteler. Tullus rasa ensuite Albe pour punir la trahison de son chef et en transporta les habitants à Rome.

6. La destruction d'Albe profita à la grandeur de Rome. Le nombre des citoyens se trouva doublé; on ajouta à la ville le mont Célius, et pour que cet endroit eût un plus grand nombre d'habitants, Tullus y fit bâtir son palais et y demeura désormais. Stimulé par la confiance que lui inspirait l'accroissement de ses forces, il déclara la guerre aux Sabins. Une peste se déclara, mais n'empêcha pas de continuer la guerre. Ce roi belliqueux se persuadait que les jeunes gens se portaient mieux en campagne que durant la paix. Mais il fut lui-même en proie à une longue maladie. Ses tendances guerrières disparurent avec ses forces physiques : il ne s'occupa plus désormais que de sacrifices religieux. On raconte que Tullus, frappé de la foudre, brûla avec son palais. Son règne, que la guerre illustra, dura trente-deux ans.

THÈME D'IMITATION, IV, § 4-6. — **4.** 1. *Atrox id facinus sacrificiis expiabitur.* — 2. *Cum laqueus in eum a lictore injectus est, caput adoperuit.* — 3. *Proclamo hunc*[1] *juvenem jure absolvendum esse.* — 4. *Juvenem, quia patris senis lacrimas ferre non potuit, absolvit.* — 5. *Horati, accede; tu lictor, eum isto*[2] *laqueo rape.* — 6. *Te oro ne hunc juvenem sub jugum mittas.*

5. 1. *Hostes territi nos in auxilium arcessiverunt.* — 2. *Albanorum ducem propter perfidiam ejus*[3] *in diversa distrahemus.* — 3. *Venistis ad gratulandum nobis.* — 4. *Nobis clara voce dixit ducem nostrum in diversa distractum esse.* — 5. *Quo audito*[4] *territi*[5] *bellum finivimus.* — 6. *Hostes a tergo circumventi victique sunt.*

6. 1. *In regia sua ruinis fulmine ictus est.* — 2. *Domi militiaeque*[2] *sacris operam dabat.* — 3. *Pestilentia ejus fiduciam virium ferocesque spiritus fregerat.* — 4. *Rex, ne morbo implicaretur*[6]*, eum sedem cepit.* — 7. *Postquam rex ille duos annos*[8] *regnaverit, bellum Sabinis indicet*[9]*.*

---

1. L'article a une véritable valeur démonstrative et doit parfois être rendu en un démonstratif.

2. **Iste** est un pronom adjectif qui se rattache à la seconde personne (Gr. § 41).

3. **Ejus.** (Gr. § 140).

4. **Quo audito**, à cette nouvelle, à ces mots, de même *quo viso*, à cette vue, littéralement : cela ayant été vu (*quo*, relatif de liaison. Gr. § 144).

5. Le latin préfère réunir en une seule proposition deux propositions principales coordonnées (Gr. § 227, II).

6. Voir Gr. § 194.

7. Concordance des temps, Gr. § 248.

8. Ne pas confondre cet accusatif avec l'accusatif du complément direct (Gr. § 198).

9. Ne pas confondre *indicare* avec *indicere*.

V. — Junius Brutus, premier consul romain.

1. Junius Brutus était fils d'une sœur de Tarquin. Craignant le sort de son frère, qui, à cause de ses richesses et de son intelligence, avait été mis à mort par leur oncle, il simula la folie. C'est de là que lui vint le nom de Brutus. S'étant rendu à Delphes avec les fils de Tarquin, que leur père avait envoyés pour offrir des présents à Apollon, il porta, pour le remettre au dieu, de l'or enfermé dans un bâton de sureau. Quand les jeunes gens eurent exécuté les ordres de leur père, ils consultèrent Apollon pour savoir lequel d'entre eux régnerait à Rome. La réponse fut que le souverain pouvoir sur Rome reviendrait à celui qui embrasserait sa mère le premier. Alors Brutus, simulant une chute fortuite, baisa la terre, comme étant la mère commune de tous les humains.

2. Après l'expulsion des rois, on établit deux consuls, Junius Brutus et Tarquin Collatin, le mari de Lucrèce. Mais la liberté, qu'on venait seulement d'obtenir, faillit disparaître par fraude et par trahison. Il se trouvait parmi les jeunes Romains quelques jeunes gens, amis des Tarquins. Ils parlèrent entre eux d'introduire la nuit les rois dans la ville et firent entrer dans leur complot les propres fils du consul Brutus. Un esclave surprit leur conversation et dénonça leur projet aux consuls. Des lettres adressées à Tarquin ne laissèrent aucun doute. Les traîtres furent emprisonnés, puis condamnés. Les jeunes gens des meilleures familles étaient donc attachés au poteau ; mais les fils du consul, plus que tous les autres, attiraient les regards. Les consuls vinrent occuper leur place. On envoya les licteurs, qui, après avoir dépouillé les condamnés, les battirent de verges et leur tranchèrent la tête. Brutus était là, qui non seulement assistait à l'exécution, mais qui y présidait. Il cessa ainsi d'être père pour accomplir son rôle de consul.

3. Tarquin essaya ensuite de reconquérir ouvertement son trône par la force des armes. Aruns, fils de Tarquin, commandait la cavalerie ; le roi suivait en personne avec l'infanterie. Les consuls vont à la rencontre de l'ennemi. Brutus s'avançait le premier, pour éclairer la marche, avec la cavalerie. Aruns, en reconnaissant Brutus, s'écria plein de colère : « Voilà l'homme qui nous a chassés de notre patrie ; il se pavane en portant les insignes de notre rang. » Aussitôt il éperonne son cheval et le pousse vers le consul lui-même. Brutus de son côté recherche passionnément la rencontre. Ils se jetèrent l'un sur l'autre avec tant d'animosité

qu'ils tombèrent tous deux percés d'un coup de pique. Cependant Tarquin fut vaincu et le second consul revint triomphalement à Rome. Il célébra aussi magnifiquement que possible les obsèques de son collègue Brutus. Les mères de famille portèrent le deuil de Brutus pendant un an, comme s'il se fût agi de leur père.

VI. — Coclès, Scévola et Clélie.

1. Porsenna, roi d'Étrurie, marcha sur Rome avec une armée prête à l'attaque dans l'intention de remettre les Tarquins sur le trône. Du premier coup, il s'empara du Janicule. Dans aucune circonstance antérieure les Romains n'avaient été effrayés à ce point : ils quittent la campagne pour se réfugier dans la ville ; ils entourent la ville de postes de soldats. Une partie de la ville semblait mise à l'abri des attaques par ses remparts, le reste était défendu par le Tibre. Le Pont Sublicius faillit livrer passage aux ennemis : un seul homme s'y opposa, Horatius Coclès, ainsi nommé parce qu'il avait perdu un œil dans un autre combat. Cet homme se plaça à l'entrée du pont et soutint seul le choc de l'armée ennemie jusqu'à ce qu'on eût coupé le pont derrière lui. Son audace, à elle seule, frappa l'ennemi de stupeur. Le pont une fois coupé, il sauta tout armé dans le Tibre et rejoignit ses compagnons à la nage. La cité lui fut reconnaissante d'un tel trait de courage. On lui donna tout le terrain qu'un laboureur pourrait entourer d'un sillon en une journée. Sa statue fut aussi placée sur le Comitium.

2. Tandis que Porsenna assiégeait Rome, Mucius, homme d'une fermeté toute romaine, alla trouver le Sénat et demanda l'autorisation de passer à l'ennemi, promettant en retour de tuer le roi. La permission accordée, il se rendit dans le camp de Porsenna. Là, il se mêla à la foule qui se pressait autour du tribunal du roi. On payait à ce moment la solde et un secrétaire était assis près du roi avec un vêtement presque semblable. Mucius, trompé par cette ressemblance, le tua au lieu du roi. Saisi et amené devant le roi, il étendit le bras sur un foyer allumé en vue d'un sacrifice, comme pour punir sa main de s'être trompée en frappant. Surpris de cette conduite extraordinaire, le roi fit écarter le jeune homme des autels. Alors Mucius, comme pour le remercier, lui déclara que trois cents jeunes gens aussi résolus que lui avaient juré sa perte. Le roi, effrayé, renonça à la guerre à condition qu'on lui remît des otages.

THÈME D'IMITATION, VI, § 1-2. — **1.** 1. *Rex ad capiendum Janiculum cum exercitu suo venit.* — 2. *Si aciem hostium sustinuerit[1], ejus[2] statua in media urbe ponetur.* — 3. *Roma capta esset (ou erat[3]) nisi Horatii Coclitis audacia Porsennæ exercitus obstupefactus esset.* — 4. *Si oculum alterum[4] in prœlio amiseris[5], civitas tota tibi grata erit.* — 5. *Urbs hosti iter dedit quia neque præsidiis sæpta[6], neque pontes interrupti erant.*
2. 1. *Trecenti juvenes, Mucii Scævolæ[7] similes, adversus regem conspiraverant.* — 2. *Apprehenderis et ad regem pertraheris.* — 3. *Si transfugeris[8], jubebo te ab altaribus amoveri.* — 4. *Juvenes Mucio : « Ne occideris[9], aiunt[10], pro rege militem. »* — 5. *Hoc miraculo territi regem adeunt.* — 6. *Foculum ad sacrificium accendite.* — 7. *Senatus adeundi[11] potestatem petemus.*

3. Porsenna reçut parmi les otages une jeune fille nommée Clélie. Comme le camp du roi était proche de la rive du Tibre, Clélie trompa les gardes, sortit la nuit, s'empara du premier cheval qu'elle trouva et traversa le Tibre. Quand le roi le sut, il se mit d'abord en colère et envoya à Rome des députés pour réclamer Clélie comme otage. Les Romains la lui remirent conformément au traité. Alors le roi, admirant le courage de la jeune fille, la complimenta, déclara qu'il lui accordait (qu'il la gratifiait de) une partie des otages et la laissa libre de choisir ceux qu'elle voudrait. Quand on lui présenta les otages, Clélie choisit les jeunes filles et les enfants, sachant que cet âge est plus exposé à l'injustice ; elle rentra avec eux dans la ville. Les Romains récompensèrent ce courage inusité chez une femme en lui accordant un honneur également inusité, une statue qui la représentait à cheval. En haut de la Voie sacrée fut placé le portrait d'une jeune fille assise sur un cheval.

VII. — Ménénius Agrippa.

1. Ménénius Agrippa rétablit la concorde entre les sénateurs et le peuple. Le peuple s'étant brouillé avec le Sénat parce qu'il trouvait insupportables les impôts et le service militaire, Agrippa,

---

1. Voir Gr. § 303, 2°.
2. Gr. § 141.
3. Gr. § 309°. II.
4. **Alter**, un (des deux).
5. Gr. § 303, 2°.
6. **Sæpta erat**, et non *sæpiebatur*, qui signifierait qu'on était en train de l'entourer (voir Gr. § 70, 3° et 207 où la même distinction est faite entre le présent et le parfait.
7. Ou *Mucio Scævolæ*. Gr. § 120.
8. Le futur antérieur est ici obligatoire, Gr. § 303, 2°.
9. **Ne occidas** serait fautif, puisqu'il ne s'agit pas d'une maxime. Gr. § 213.
10. **Aio** n'ayant pas de 3° pers. du pluriel au parfait, il convient d'employer ici le présent historique (Gr. § 206). On remarquera en outre qu'il convient d'enclaver ce verbe dans la proposition au style direct, sinon il prendrait le sens d'affirmer, comme il l'a dans le texte.
11. Ou *senatum adeundi*. Gr. § 255.

qui avait la parole facile, fut envoyé auprès du peuple. Introduit dans le camp, on raconte qu'il dit simplement ceci : « Un jour les membres du corps humain, voyant le ventre oisif, se brouillèrent avec lui et s'entendirent ensemble pour que les mains cessassent de porter la nourriture à la bouche, pour que la bouche refusât de la recevoir et les dents de la mâcher. Mais en voulant mettre le ventre à la raison, eux-mêmes perdirent leurs forces et le corps tout entier se trouva réduit à dépérir complètement. On vit bien par là que le rôle du ventre n'était pas sans importance et que c'était lui qui distribuait la nourriture reçue dans tous les membres. Aussi se réconcilièrent-ils avec lui. De même le Sénat et le peuple, formant pour ainsi dire un seul corps, périssent par la discorde et trouvent la prospérité dans la concorde. »

2. Ménénius changea, grâce à ce récit, les dispositions du peuple. Les plébéiens retournèrent dans la ville. Cependant ils créèrent des tribuns chargés de défendre leur liberté contre l'arrogance des nobles. Peu après mourut Ménénius : toute sa conduite l'avait rendu cher aussi bien aux sénateurs qu'au peuple ; mais le peuple l'aima encore davantage quand il eut rétabli la concorde entre ses concitoyens. Pourtant il mourut si pauvre que le peuple lui rendit les derniers devoirs en recueillant des cotisations d'un quart d'as et que le Sénat dut lui procurer aux frais de l'État un emplacement pour son tombeau. L'exemple de Ménénius peut consoler les pauvres, mais il peut surtout enseigner aux riches combien la recherche excessive de la fortune est peu nécessaire à celui qui désire une renommée solide.

Thème d'imitation, VII, § 1-2. — **1.** 1. *Si ventris ministerium segne fuerit, dentes, os manusque[1] ab eo secedent. —* 2. *Cibus per omnem plebem digere et concordia restituetur. —* 3. *Te ad patres mittemus ; eis narrabis plebem olim ab eis discordasse[2]. —* 4. *Nisi concordia mox restituta erit[3], apparet patres plebemque discordia perituros[4]. —* 5. *Cibus in os manu fertur dentibusque conficitur.*

2. 1. *Mentes plebis flectam. —* 2. *Paulo post morieris, patribus ac plebi carus. —* 3. *Ut libertatem vestram defendatis, mementote[5] divitias necessarias non esse. —* 4. *Publice[6] sepultus est, quia pauperes adversus locupletium superbiam defenderut. —* 5. *Menenius restituenda inter pauperes locupletesque concordia tandem cupiebat.*

---

1. Pour la manière d'unir trois termes, Gr. § 98, 1.

2. La proposition infinitive après un verbe signifiant « dire », Gr. § 264. Pour la forme syncopée *discordasse*, Gr. § 63, 2.

3. Voir Gr. § 303, 2°.

4. Pour l'accord voir Gr. § 101 et aussi § 109.

5. Ce verbe rentre dans la catégorie de ceux qui signifient « penser », Gr. § 264.

6. **Publice** peut, à lui seul, signifier « aux frais du public ».

VIII. — Coriolan.

1. Caius Marcius, qui appartenait à une famille patricienne, fut nommé Coriolan à cause de la prise de Corioles, ville des Volsques. Ayant perdu son père dans son enfance, il grandit sous la direction de sa mère. La nature lui avait donné de vives aspirations pour la gloire ; mais comme l'éducation ne les modifia pas, il fut d'un caractère emporté et obstiné. Quand dans sa jeunesse il commença à faire partie de l'armée, il ne revint jamais des nombreux combats auxquels il prit part sans avoir mérité une couronne ou quelque autre récompense militaire. Dans toute sa conduite il n'avait d'autre but que de faire plaisir à sa mère. Quant à elle, tout son bonheur consistait à entendre louer son fils ou à le voir obtenir une couronne. Il ne pouvait se lasser de lui être agréable et de l'entourer d'égards. Pour obéir au désir de sa mère, il se maria ; mais il habita chez elle avec sa femme.

2. Après une victoire importante à laquelle Coriolan avait contribué plus que personne, le consul Postumius fit son éloge en présence des soldats. Il voulut le combler de récompenses militaires ; il lui offrait un domaine de cent arpents, dix prisonniers, un même nombre de chevaux harnachés, cent bœufs et tout l'argent qu'il pourrait porter. Coriolan n'accepta aucun de ces présents, mais seulement la grâce d'un hôte qui avait été fait prisonnier et un cheval. Devenu consul, dans une période de disette, il fit vendre fort cher au peuple le blé qu'on avait fait venir de Sicile, afin que les citoyens s'occupassent de leurs champs et non pas de troubles politiques. Condamné pour ce fait, il se retira chez les Volsques et les poussa à attaquer les Romains. Mis par les Volsques à la tête de leur armée, il établit son camp à quatre milles de Rome et dévasta son territoire.

3. Rome envoya à Coriolan des députés pour conclure la paix ; mais ils ne rapportèrent qu'une réponse impitoyable. Envoyés de nouveau, ils ne furent pas même reçus dans le camp. Les prêtres eux-mêmes, revêtus de leurs bandelettes sacrées, se présentèrent à lui en suppliants et ne réussirent pas davantage à le fléchir. Le sénat était dans l'abattement, le peuple tremblait, les hommes et les femmes pleuraient sur la destruction prochaine de leur ville. Alors Véturie, mère de Coriolan et sa femme Volumnie, conduisant avec elle ses deux jeunes enfants, se rendirent au camp des ennemis. Dès que Coriolan aperçut sa mère, il s'écria : « O ma patrie, tu as triomphé de ma colère en recourant aux prières de ma mère : pour l'amour d'elle, je te pardonne le tort que tu m'as

fait. » Après avoir embrassé sa famille, il leva le camp et emmena son armée hors du territoire romain. On dit que Coriolan fut plus tard mis à mort par les Volsques qui le considéraient comme un traître.

THÈME D'IMITATION, VIII, § 1-3. — **1.** 1. *Nihil aliud nobis proponimus, quam ut[1] a matribus laudemur. — 2. Si corona doner (ou donarer[2]), felicissimum me putem (ou putarem). — 3. Cupiente patre uxorem duxit. — 4. Hic puer sub nostra tutela adolescet. — 5. Quamvis[3] irae impotens sit, matrem colit. — 6. A natura obstinatam pervicaciam sortitus est. — 7. Si proelio interfuisses, praemio donatus esses.*

2. 1. *Insignis[4] illa victoria Volscos adversus Romanos concitaverat. — 2. Qua de causa Coriolanus a Volscis imperator factus est. — 3. Si centum illos captivos non acceperis[5], tibi totidem ornatos equos offeremus. — 4. Curabo decem jugera populo danda[6]. — 5. Romani, postquam Volscorum agrum vastaverant[7], concesserunt. — 6. Nihil accipimus ex omnibus quae nobis obtulisti.*

3 1. *Oratores nostri hostium responsum retulerunt. — 2. Suos ne amplecti quidem est, quanquam patriae imminens excitium lamentantes[8]. — 3. Populus trepidare dicebatur[9]. — 4. Matres secum filios traxerunt, ut supplices castra hostium peterent. — 5. Ubi Coriolanus exercitum ex agro Romano abduxit, a Volscis occisus est. — 6. Si iram ejus viceris, tuam in se[10] injuriam condonabit.*

IX. Camille.

1. Au moment où Marcus Furius Camillus assiégeait Faléries, un maître d'école fit sortir de la ville de nombreux enfants des meilleures familles, comme s'il les conduisait en promenade, et les mena dans le camp des Romains. Ces enfants une fois tombés au pouvoir de Camille, on ne pouvait douter que les Falisques, renonçant à la guerre, ne se rendissent aux Romains. Mais Camille eut horreur de cette perfide trahison : « L'homme auquel tu t'adresses, lui dit-il, ne te ressemble pas. Dans la guerre comme dans la paix, il y a une justice à respecter. Nous avons des armes, mais ce n'est pas contre cet âge auquel on fait grâce même dans les villes prises; c'est contre les guerriers qui ont

1. Voir Gr. § 131 et 132.
2. Pour la différence de sens entre *doner* et *donarer*, voir Gr. § 216 et 217.
3. **Quamvis** plutôt que *quanquam*, voir Gr. § 293, 1°.
4. Pour la place des mots, voir Gr. § 341, 4°.
5. Voir Gr. § 303, 2.
6. Sur cette construction, voir Gr. § 243.
7. Sur *postquam* avec le pl.-q.-parf., voir Gr. § 316, 3°.
8. Voir Gr. § 232.
9. La tournure dite personnelle est la plus habituelle, Gr. § 260.
10. Gr. § 140.

donné l'assaut au camp romain. » Il fit ensuite dépouiller de son manteau le maître d'école et chargea les enfants de le reconduire, les mains liées derrière le dos, jusqu'à la ville ; il leur donna même des verges pour le frapper en route. Aussitôt les Falisques, vaincus par cette générosité plus que par les armes, ouvrirent leurs portes aux Romains.

2. Après avoir rendu bien des services à sa patrie, Camille fut condamné par le peuple et dut s'exiler. On dit qu'au moment où il quittait la ville il demanda aux dieux que, si cette condamnation était imméritée, son ingrate patrie se vît contrainte au plus tôt de regretter son départ. C'est ce qui arriva peu après. Car des Gaulois, de la nation des Sénones, vinrent assiéger Clusium, ville d'Étrurie. Les habitants de Clusium, effrayés par cette guerre toute nouvelle pour eux, demandèrent le secours des Romains. Rome envoya trois députés chargés d'inviter les Gaulois à lever le siège. Un de ces députés prit part à un combat contrairement au droit des gens et tua le chef des Sénones. Les Gaulois, fort mécontents de l'affaire, demandèrent qu'on leur livrât les ambassadeurs. Ne les ayant pas obtenus, ils marchèrent sur Rome et taillèrent en pièces l'armée romaine près du ruisseau de l'Allia, le seizième jour avant les calendes d'août (17 juillet). Ce jour, compté désormais comme néfaste, s'appela la journée de l'Allia.

3. Les Gaulois vainqueurs arrivèrent devant la ville de Rome un peu avant le coucher du soleil. Quand la présence des ennemis eut été signalée, la jeunesse romaine, sous le commandement de Manlius, monta dans la citadelle ; les hommes âgés, rentrant chez eux, attendirent l'arrivée des Gaulois, bien résolus à se laisser tuer. Ceux d'entre eux qui avaient exercé des magistratures curules revêtirent les insignes de leurs charges et s'assirent à l'entrée de leurs maisons sur des sièges d'ivoire, afin de mourir avec leurs ornements à l'arrivée de l'ennemi. Les Gaulois, en pénétrant dans les maisons ouvertes, aperçoivent des hommes que leurs vêtements et la majesté de leur physionomie faisaient ressembler à des dieux. Tandis que les Gaulois les contemplaient comme s'il s'agissait de statues sacrées, on dit que l'un de ces vieillards frappa de son bâton d'ivoire la tête d'un Gaulois qui lui touchait la barbe. Le Gaulois irrité le tua. Ce fut le commencement du massacre. Tous les autres furent ensuite tués sur leurs sièges.

4. Les Gaulois résolurent alors de donner l'assaut à la citadelle. Ils envoyèrent d'abord un soldat en explorer l'accès. Puis, par une nuit assez claire, en se poussant et en se hissant réciproquement, ils arrivèrent au sommet du rocher : et cela, en

faisant si peu de bruit que les chiens eux-mêmes, toujours aux aguets, ne s'éveillèrent pas. Mais ils furent entendus par les oies, que les Romains, malgré l'extrême disette, avaient épargnées parce que c'étaient des oiseaux consacrés à Junon : c'est ce qui sauva les Romains. En effet, réveillé par le cri des oies et leurs battements d'ailes, Manlius, en vaillant guerrier qu'il était, tout en appelant les autres aux armes, repoussa les Gaulois qui escaladaient la citadelle. De là vint la coutume de promener solennellement un chien attaché à une fourche tandis qu'une oie est portée comme en triomphe sur une litière garnie d'un tapis.

5. Tous furent alors d'avis de rappeler Camille d'exil. On lui envoya donc des députés et, bien qu'absent, on le nomma dictateur. Cependant les deux armées souffraient de la famine. Pour ôter aux Gaulois l'idée que cette situation critique pourrait forcer les Romains à se rendre, on jeta, de divers points du Capitole, des pains dans les postes des ennemis. On amena ainsi les Gaulois à lever le siège moyennant une somme peu considérable. La rançon fut fixée à mille livres d'or. On n'avait pas fini de peser cet or lorsque le dictateur Camille survint avec les restes de l'armée romaine qu'il avait réunis; il ordonne d'enlever l'or et prévient les Gaulois d'avoir à se préparer au combat. Il range ensuite son armée en bataille et anéantit les Gaulois. Il ne resta pas même un homme pour annoncer la défaite. Le dictateur, après avoir reconquis sa patrie sur les ennemis, entra à Rome en triomphateur et fut nommé par ses soldats le père de la patrie, le second fondateur de la ville.

X. — Titus Manlius Torquatus.

1. Titus Manlius avait été relégué à la campagne par son père à cause de son manque d'intelligence et de son peu de dispositions pour l'éloquence. Ayant entendu dire que Pomponius, tribun du peuple, avait cité en justice son père, il prit une résolution digne d'une âme peu cultivée et assez grossière, mais honorable pourtant au point de vue de la piété filiale. Armé d'un poignard, il se rendit un matin à la ville et courut tout droit depuis la porte à la maison de Pomponius. Introduit, il tire son poignard et se penchant sur le lit de Pomponius, il déclare qu'il va l'en percer, s'il ne renonce pas à son accusation. Le tribun, tout tremblant à la vue du poignard qui étincelait à ses yeux, abandonna l'accusation. Cette aventure fit beaucoup d'honneur au jeune homme, car on voyait que la sévérité paternelle n'avait

pas éteint chez lui les sentiments de la piété filiale : aussi, la même année, il fut créé tribun des soldats.

2. Plus tard, les Gaulois vinrent établir leur camp à trois milles au delà de l'Anio. L'armée romaine partit de la ville à leur rencontre et s'arrêta sur la rive du fleuve la plus rapprochée de Rome. Il y avait un pont entre les deux armées : alors un Gaulois d'une taille extraordinaire s'avança sur le pont laissé libre et de sa voix la plus forte cria : « Que le plus brave d'entre les Romains vienne combattre, afin que l'issue de la lutte montre quel est, des deux peuples, le plus propre à la guerre. » Longtemps les plus distingués parmi les jeunes Romains gardèrent le silence. Alors Titus Manlius quitta son poste pour aller trouver son général. « Jamais, ô mon chef, dit-il, je ne combattrais hors des rangs sans ton ordre, pas même si la victoire m'apparaissait certaine ; mais si tu le permets, je désire montrer à cette bête féroce que je descends de celui qui a précipité les Gaulois du haut de la roche Tarpéienne. » Le général lui dit : « Bravo pour ton courage, Titus Manlius ! Va et montre qu'un Romain ne peut être vaincu. »

Thème d'imitation, X, § 1-2. — **1.** 1. *Pater relegandi[1] rus filii consilium cepit.* — 2. *Audivi patri meo a tribuno plebis diem dictam esse.* — 3. *Ubi introductus eris, cultrum stringe et (ou cultro stricto) tribuno minare[2].* — 2. *Hoc laudabile consilium Manlio honori fuit.* — 5. *Ne avertamur consilio nostro tribuni accusatione.* — 6. *Si mihi minatus eris, te hoc[3] gladio transfigam.* — 7. *Quanquam ferrum ante oculos micans[4] videbat, accusatione non destitit.*

2. 1. *Si tu permiseris, castra trans fluvium ponam.* — 2. *Pugna, uter nostrum[5] bello sit melior, ostendet.* — 3. *Diu inter Gallos silentium fuit; tunc Manlius processit ad pugnam.* — 4. *Ea ex familia, quam Roma fortissimam habuit[6], ortus erat.* — 5. *Consistamus et in ripa fluvii castra ponamus.* — 6. *In medio[7] ponte statio erit.*

3. Le jeune homme est revêtu de ses armes par ses compagnons : il prend son bouclier, suspend à sa ceinture une épée espagnole, commode pour le corps à corps. Le Gaulois l'attendait avec un contentement stupide et tirait la langue par moquerie. Quand ils eurent pris place entre les deux armées, le Gau-

---

1. On pourrait aussi employer l'infinitif en considérant *consilium capere* comme une locution verbale, voir Gr. § 271.

2. Voir Gr. § 158.

3. C'est *hoc* et non *iste* ou *ille* qui convient ici. Gr. § 41, 1°.

4. Gr. § 221.

5. Voir Gr. § 34, 3 et 12, 2°.

6. Ou simplement *e familia Romana fortissima*.

7. Gr. § 117.

fois abattit bruyamment son épée sur l'armure de Manlius. Mais ce dernier se glissa entre le corps et le bouclier du Gaulois et lui perça le ventre à deux reprises. Quand l'ennemi fut étendu par terre, Manlius lui enleva son collier qu'il mit tout sanglant à son cou. La crainte et l'étonnement avaient immobilisé les Gaulois ; les Romains, pleins d'ardeur, s'avancent à la rencontre de leur champion et le conduisent à leur général au milieu des félicitations et des louanges. C'est de là que vint le surnom de Torquatus, donné à Manlius.

4. Ce même Manlius, devenu dans la suite consul durant la guerre contre les Latins et voulant rétablir la discipline parmi les soldats, défendit de combattre les ennemis individuellement. Or il arriva que son fils s'approcha d'un poste d'ennemis. Celui qui commandait la cavalerie des Latins, reconnaissant le fils du consul, lui cria : « Veux-tu lutter avec moi, afin que le résultat de ce combat singulier montre combien un cavalier latin l'emporte sur un cavalier romain ? » Le jeune homme ne resta pas insensible soit à la colère soit à la honte de refuser le combat. Oubliant les ordres paternels, il s'élance au combat, transperce le Latin après l'avoir renversé de cheval, recueille ses dépouilles et revient au camp se présenter à son père. Le consul, sans daigner le regarder, convoque immédiatement les soldats au moyen d'une sonnerie de trompette. Quand ils furent venus en grand nombre, il dit : « Mon fils, puisque tu as combattu contrairement aux ordres du consul, il faut que, par l'exemple de ton châtiment, tu contribues au rétablissement de la discipline. Tu seras un exemple bien affligeant, mais salutaire néanmoins, pour la jeunesse à venir. Licteur, va l'attacher au poteau. » Tous étaient frappés de stupeur ; mais quand la tête eut été coupée et que le sang ruissela, tous éclatèrent en plaintes désolées. Quand Manlius revint à Rome, les vieillards seuls allèrent à sa rencontre. La jeunesse le détesta, non seulement à ce moment-là, mais encore durant tout le reste de sa vie.

THÈME D'IMITATION, X, § 3-4. — **3.** 1. *Hispano cinge te gladio. Nos scuto te armabimus.* — 2. *Obviam Gallis progrediamur.* — 3. *Gallus inter duas acies constitit linguamque exseruit.* — **4.** *Galli collum gladii ictu transfodiendum est.* — 5. *Torques iste cruore[1] tuo respergetur cognomenque Torquati accipiam.* — 6. *Nos inter duas acies insinuemus.* — 7. *Ensis ille erat ad transfodiendum Galli ventrem habilis.* — 8. *Imperator, cujus corpus cruore respersum erat[2],*

---

1. **Cruor** désigne le sang versé, par opposition au sang qui coule dans les veines (sanguis).

2. L'imparfait est remplacé ici par le plus-que-parfait, de même que le présent par le parfait. Gr. § 207.

inter milites jacebat. — 9. Ab[1] alacribus militibus Torquati cogno-
men accepit.
4. *1. Imperator, militarem disciplinam restitue. — 2. Si mecum*
congredi volueris, cernetur quanto tibi præstem. — 3. Consulis im-
perii oblitus extra ordinem pugnavit. — 4. Equitatus, cui juvenis
præerat, ad hostes accessit. — 5. Nemo in posterum contra consulis
imperium pugnavit. — 6. Ubi eum ex equo excussit, ejus cervicem
cecidit. — 7. Quandoquidem redeunt, visne eis nos obviam exire?

XI. — Publius Valérius Lévinus.

1. Les habitants de Tarente ayant maltraité les ambassadeurs
romains, la guerre leur fut déclarée. Ils furent secourus par
Pyrrhus, roi d'Épire, qui descendait d'Achille. Le consul Lévinus fut envoyé contre lui. Ayant mis la main sur des éclaireurs
du roi, il les fit promener dans le camp romain et les renvoya
indemnes pour qu'ils renseignassent Pyrrhus sur ce qu'ils avaient
vu. Un peu plus tard, une bataille s'engagea et comme les ennemis commençaient à reculer, le roi fit lancer les éléphants sur
les troupes romaines. Le sort du combat s'en trouva changé. Les
Romains se troublèrent à la vue de ces animaux énormes et à
l'aspect redoutable des soldats qu'ils portaient. Les chevaux eux-
mêmes, effrayés par la vue et l'odeur de ces bêtes monstrueuses,
désarçonnaient les cavaliers ou les entraînaient dans leur fuite.
La nuit mit fin au combat.

2. Pyrrhus traita les prisonniers romains avec beaucoup
d'égards ; il fit ensevelir les morts. En les voyant étendus sur
le sol avec des blessures reçues par devant et un air de défi
sur le visage, on raconte qu'il tendit les mains vers le ciel en
s'écriant : « Avec de tels soldats, j'aurais rapidement conquis
l'univers ! » Il se dirigea ensuite sur Rome à marches forcées.
Tout fut dévasté par le fer et le feu. Il établit son camp à vingt
milles de Rome. Lévinus vint à sa rencontre avec une nouvelle
armée. En la voyant, le roi dit qu'il était à l'égard des Romains
dans les mêmes conditions qu'Hercule à l'égard de l'hydre, dont
les têtes renaissaient à mesure qu'il les coupait. Il se retira
ensuite en Campanie. Il reçut avec honneur les députés que le
Sénat lui envoya pour traiter le rachat des prisonniers. Il les
rendit sans rançon, afin que les Romains, qui connaissaient
déjà sa valeur, connussent aussi sa générosité.

1. Gr. § 177.

3. Pyrrhus, étant un homme de grand mérite et fort brave, n'était par conséquent ni cruel ni intraitable : la clémence est, en effet, l'apanage ordinaire des grandes âmes. Les Tarentins éprouvèrent son humanité. Comprenant un peu tard qu'ils s'étaient donné un maître au lieu d'un allié, ils se plaignaient librement de leur situation, et débitaient sur Pyrrhus bien des jugements imprudents, surtout lorsque le vin les échauffait. Aussi quelques-uns furent appelés devant le roi pour avoir parlé de lui insolemment au cours d'un banquet. Mais le simple aveu de la faute les mit hors de danger. Car le roi leur ayant demandé s'ils avaient réellement dit ce qu'on lui avait rapporté, ils répondirent : « Oui, nous l'avons dit, ô roi, et si le vin n'était pas venu à nous manquer, nous aurions médit de toi beaucoup plus longtemps et plus durement encore. » Pyrrhus, qui préférait que la faute fût rejetée sur l'ivresse plutôt que sur les hommes, les renvoya en souriant.

4. Pyrrhus, persuadé qu'il serait glorieux pour lui de conclure la paix et une alliance avec les Romains à la suite d'une victoire, envoya à Rome comme député Cinéas, chargé de proposer la paix à des conditions fort modérées. C'était un intime du roi et il avait sur lui une grande influence. Pyrrhus disait souvent qu'il avait conquis plus de villes par l'éloquence de Cinéas que par la force des armes. Pourtant Cinéas ne flattait nullement l'ambition du roi. Un jour que dans une conversation Pyrrhus lui découvrait ses projets et lui disait qu'il voulait soumettre l'Italie, Cinéas lui répondit : « Les Romains vaincus, que comptes-tu faire, ô roi ? — La Sicile n'est pas loin de l'Italie, dit Pyrrhus, il ne sera pas difficile de la conquérir. » Cinéas reprit : « La Sicile une fois conquise, que feras-tu après ? » Le roi, qui ne devinait pas encore l'intention de Cinéas, continua : « J'ai l'intention de passer en Afrique. — Et que feras-tu ensuite ? » reprit Cinéas. Le roi dit enfin : « Mon cher Cinéas, nous nous reposerons et nous jouirons d'un agréable loisir. — Pourquoi ne commences-tu pas à en jouir dès maintenant ? » répondit Cinéas.

5. Cinéas alla donc à Rome et fit le tour des maisons des principaux citoyens auxquels il offrait de grands présents. On ne le reçut nulle part. Ses présents furent dédaignés non seulement par les hommes, mais même par les femmes. Introduit ensuite dans le lieu de réunion du Sénat, il vanta les mérites du roi et sa bienveillance pour les Romains; il fit ressortir la modération de ses propositions; déjà les sénateurs étaient favorables à la paix et à une entente. C'est alors qu'Appius Claudius, qui était vieux et aveugle, se fit porter en litière au Sénat et là fit un dis-

cours plein d'autorité contre la paix. Aussi le Sénat fit répondre à Pyrrhus que, tant qu'il n'aurait pas quitté l'Italie, les Romains ne feraient pas la paix avec lui. Le Sénat défendit aussi de rendre leurs anciens droits aux prisonniers restitués par Pyrrhus, avant qu'ils n'eussent rapporté chacun les dépouilles de deux ennemis. Le député retourna donc auprès du roi. Pyrrhus lui ayant demandé son impression sur Rome, il répondit que la ville lui avait paru un temple et le Sénat une assemblée de rois.

XII. — Caïus Fabricius.

1. Caïus Fabricius était un des ambassadeurs qui vinrent trouver Pyrrhus à propos du rachat des prisonniers. Pyrrhus, ayant entendu dire qu'il était fort connu chez les Romains pour son honnêteté et ses qualités militaires, mais aussi pour son extrême pauvreté, lui témoigna une bienveillance particulière et lui offrit des présents et de l'or. Fabricius refusa tout. Le lendemain, Pyrrhus voulut l'effrayer en lui faisant voir soudain un éléphant. Il donna l'ordre de placer un de ces animaux derrière un rideau pendant que Fabricius s'entretiendrait avec lui. Cela fait, au signal donné, le rideau fut écarté tout à coup et l'animal se mit à pousser un barrissement terrible en agitant sa trompe au-dessus de Fabricius. Celui-ci sourit tranquillement et dit à Pyrrhus : « Ton éléphant ne me trouble pas plus aujourd'hui que ton argent ne m'a séduit hier. »

2. Plein d'admiration pour les vertus de Fabricius, Pyrrhus lui proposa secrètement d'abandonner sa patrie et de vivre auprès de lui ; il lui offrait même le quart de son royaume. Fabricius répondit : « Si tu me crois homme de bien, pourquoi cherches-tu à me corrompre ? Si au contraire tu me crois mauvais, pourquoi vouloir me gagner ? » Un an après, tout espoir d'établir la paix entre Pyrrhus et les Romains s'étant évanoui, Fabricius, devenu consul, fut envoyé contre lui. Le camp de Fabricius étant proche de celui du roi, une nuit le médecin du roi vint trouver Fabricius et lui promit d'empoisonner le roi, s'il lui assurait une récompense. Fabricius le fit reconduire chargé de chaînes à son maître et fit avertir Pyrrhus de l'attentat auquel son médecin s'était engagé. Le roi étonné fit, dit-on, cette réflexion : « Voilà bien Fabricius : il est plus difficile de le faire dévier de la vertu que d'écarter le soleil de sa route. »

Thème d'imitation, XII, § 1-2. — **1.** 1. *Pyrrhus imperavit ut Fabricio aurum et munera offerrentur*[1] *ad eum pelliciendum.* — 2. *Tuis muneribus non sum pellectus; horrendo beluæ*[2] *hujus stridore non commovebor.* — 3. *Aulæo remoto, signum dabis.* — 4. *Audies Fabricium munera Pyrrhi repudiavisse neque*[3] *beluæ conspectu exterritum esse.* — 5. *Si elephas iste capiti meo proboscidem admoveret, non exterrerer; sed placide*[4] *subriderem.*

2. 1. *Tibi magnum præmium propono, si patriam deserueris*[5] *ut mecum vivendum.* — 2. *Anno interjecto, medicus consul factus est.* — 3. *Ad regem ibis*[6]*, eique dices omnem spem pacis ablatam esse.* — 4. *Scito*[7] *solem a cursu suo non posse averti.* — 5. *Quanquam eum*[8] *virum bonum judicabat, corrumpere voluit.*

3. Fabricius, au moment où il était en ambassade auprès de Pyrrhus, entendit Cinéas raconter qu'il y avait à Athènes un homme qui, faisant profession de philosophie, soutenait que toutes nos actions devaient viser à notre plaisir personnel. On raconte que Fabricius s'écria : « Fasse le ciel que cette conviction devienne celle de nos ennemis, afin que, s'adonnant au plaisir, ils en soient plus aisés à vaincre. » Rien ne fut plus étranger à ses habitudes que la recherche du plaisir et de la dépense. Toute son argenterie se réduisait à une seule salière et à une petite patène qui servait aux sacrifices; elle était d'ailleurs portée sur un pied de corne. Il dînait au coin de son feu en mangeant des racines et des légumes qu'il avait arrachés en nettoyant son champ, lorsque les ambassadeurs des Samnites vinrent lui offrir une grande somme d'argent. Il leur fit cette réponse : « Aussi longtemps que je saurai refréner mes passions, cet argent me sera inutile : portez-le à ceux qui en ont besoin. »

4. Caïus Fabricius était brouillé avec Rufinus à cause de la dissemblance de leur caractère, l'un dédaignant l'argent, l'autre passant pour cupide et voleur. Cependant comme Rufinus était fort brave et bon général et qu'une guerre importante était à prévoir, Fabricius s'employa pour le faire nommer consul. Rufinus remerciant un jour Fabricius de l'avoir fait créer consul en

---

1. Remarquer la concordance des temps. Gr. § 250.

2. **Belua**, à lui seul, signifie « animal énorme », comme *fera*, « animal sauvage ».

3. **Neque** au lieu de *et non* qui serait fautif, Gr. § 98, 4.

4. On pourrait dire aussi avec l'adjectif : *placidus subriderem.*

5. Ou mieux : *si patria deserta, mecum vivere voluèris.*

6. Ou, avec l'impératif futur (Gr. § 212) : *ibis... dicito...*

7. Sur l'impératif de *scire* voir Gr. § 61.

8. Ce complément est commun à deux verbes. Gr. § 155.

dépit de leur inimitié, celui-ci lui répondit : « Il n'y a pas à me dire merci d'avoir préféré être pillé plutôt que d'être vendu comme esclave. » Plus tard, Fabricius, devenu censeur, l'exclut du Sénat parce qu'il possédait dix livres d'argenterie. Fabricius demeura toute sa vie dans une glorieuse pauvreté ; il mourut si pauvre qu'il ne laissa pas de quoi payer la dot de ses filles. Le Sénat leur tint lieu de père et les maria en leur fournissant une dot sur les fonds du trésor public.

THÈME D'IMITATION, XII. § 3-4. — **3.** 1. *Te audivi narrantem[1] legatos a Samnitibus Fabricio supellectilem argenteam obtulisse.* — 2. *Pecunia non indigeo, sed tantum herbis radicibusque ad cœnandum.* — 3. *Narrant[2] hostes nostros luxu voluptatibusque victum iri.* — 4. *Nihil mihi alienius[3] est quam cupiditates.* — 5. *Cupiditatibus imperemus, quo facilius nos sapientes profiteri possimus.* — 6. *Herbas vellam, ad purgandum agrum.*

4. 1. *C. Fabricius cum consule simultatem gerebat.* — 2. *Avarus[4] ille homo senatu motus est, quamvis[5] bonus esset imperator.* — 3. *Bellum nobis imminebat[6], neque[7] nos compilari aut venire volebamus.* — 4. *Auctores senatui fuimus ut consulis partes sibi desumeret.* — 5. *Adeo furax erat ut senatu motus sit[8].* — 6. *Si inops decesseris, senatus filias tuas collocabit.* — 7. *Gratias age Fabricio, quia nihil erat quod te consulem crearet.*

XIII. — Appius Claudius Caudex.

1. C'est sous le consulat d'Appius Claudius que commença la première guerre punique. Messine, ville de Sicile, étant assiégée par les Carthaginois et par Hiéron, tyran de Syracuse, Appius Claudius fut envoyé à son secours. Étant consul, pour se renseigner sur les ennemis, il passa dans une simple barque de pêcheur le détroit qui sépare l'Italie de la Sicile. Des envoyés vinrent le trouver de la part d'Hannon, général carthaginois, pour l'exhorter à maintenir la paix. Comme le consul ne voulait accepter aucune proposition, à moins que les Carthaginois ne

1. **Te audivi narrare** aurait un sens différent. Gr. § 224.

2. Ou *narrantur*, en employant la tournure personnelle. Gr. § 149 et 260.

3. Ce comparatif n'est pas très usité : on pourrait dire aussi *magis alienum*.

4. **Avarus** signifie proprement « cupide ».

5. **Quamvis** plutôt que *quanquam*. Gr. § 299, 1°.

6. Pour l'emploi de *imminere* et sa construction, Gr. § 158*.

7. **Neque**, au lieu de *et non*. Gr. § 98 4°.

8. La concordance des temps est négligée ici où il s'agit d'une proposition consécutive, Gr. § 250*.

levassent le siège, Hannon irrité s'écria qu'il ne souffrirait pas que les Romains se lavassent même simplement les mains dans la mer de Sicile. Cependant il ne put empêcher Claudius de faire passer une légion en Sicile et de chasser les Carthaginois hors de Messine. Hiéron fut ensuite vaincu près de Syracuse. Effrayé par cette menace, il demanda l'amitié des Romains et demeura désormais leur fidèle allié.

XIV. — Caïus Duilius.

1. Caïus Duilius fut le premier à remporter une victoire navale sur les Carthaginois. Voyant que les vaisseaux romains étaient inférieurs en rapidité à ceux de Carthage, il inventa des crochets de fer qu'on appela « corbeaux ». Cette invention fut fort utile aux Romains, car en lançant ces « corbeaux » ils saisissaient le navire ennemi, ensuite, jetant un pont d'un bord à l'autre, ils y passaient et combattaient avec l'épée comme sur terre. Aussi les Romains, qui étaient plus vigoureux, l'emportèrent aisément. Dans ce combat, on prit trente navires ennemis et on en coula treize. Duilius, après sa victoire, revint à Rome et triompha le premier à l'occasion d'un combat naval. Aucun succès ne fut plus agréable aux Romains, parce que, ne pouvant être vaincus sur terre, ils acquéraient aussi désormais la suprématie sur mer. Aussi Duilius obtint pour toute sa vie le droit de revenir chez lui, lorsqu'il avait dîné en ville, en se faisant précéder dans les rues (en public) d'un porteur de torche et d'un joueur de flûte.

2. Hannibal, qui commandait la flotte carthaginoise, sauta de son navire dans une barque et échappa ainsi aux Romains. Craignant d'être châtié dans son pays pour avoir perdu sa flotte, il recourut à la ruse pour détourner la rancune de ses concitoyens : il envoya un de ses amis à Carthage avant qu'un messager eût pu y apporter la nouvelle du désastre. Cet ami, une fois entré dans le Sénat, déclara : « Hannibal vous fait demander s'il doit livrer bataille au commandant romain qui vient d'arriver avec une flotte considérable. » Les sénateurs répondirent tout d'une voix : « Sans aucun doute il doit livrer bataille. » Et l'autre de dire : « Il l'a fait et il a été vaincu. » Ainsi les sénateurs furent dans l'impossibilité de blâmer ce qu'eux-mêmes avaient jugé nécessaire. Hannibal évita par ce moyen le supplice de la croix : car c'est le châtiment que les Carthaginois infligeaient aux généraux malheureux.

THÈME D'IMITATION, XIV, § 1-2. — **1.** 1. *Tibicen præcinebat, cum a cena redibamus*[1]. — 2. *Naves vestra velocitate, nostro robore superant*[2]. — 3. *Victoria illa Romanis cum*[3] *maximo fuit usui, tum multa eis gratior fuit.* — 4. *Apprehendite ferrea manu navem facilisque vobis victoria erit.* — 5. *Ei concessum est ut omnes punicas naves mergeret.* — 6. *Navali prœlio, Romani naves Carthaginiensium, qui mari plurimum poterant*[4], *ceperunt aut merserunt.*

2. 1. *Num confligendum est?* — 2. *Non est dubium quin amissæ classis pœnas des.* — 3. *Nuntius, saltu in scapham se demittendo*[5] *supplicium effugit.* — 4. *Re male gesta, astutia civium*[6] *offensam avertemus.* — 5. *Eum damnare non potestis, quoniam ejus classis hostium manus effugit.* — 6. *Hoc pœnæ genus non effugies.* — 7. *Te consulo*[7], *num*[8] *Romani cum copiis maritimis Carthaginiensium confligere debeant. Vincenturne?*

XV. — Marcus Atilius Régulus.

1. Marcus Régulus infligea une grande défaite aux Carthaginois. Le Carthaginois Hannon vint alors le trouver comme pour faire la paix, en réalité pour gagner du temps, en attendant que des troupes nouvelles fussent amenées d'Afrique. Quand il aborda le consul, des cris s'élevèrent et quelqu'un fit entendre ces mots : « Il faut le traiter comme les Carthaginois ont traité, il y a quelques années, le Romain Cornélius. » Or ce Cornélius, attiré perfidement sous prétexte de pourparlers, avait été arrêté par les Carthaginois et jeté en prison. Hannon commençait à craindre ; mais il détourna le danger en répondant habilement : « Si vous agissez ainsi, vous ne vaudrez pas mieux que les Africains. » Le consul fit taire ceux qui voulaient user de représailles et fit une réponse digne de la gravité romaine : « La loyauté romaine, dit-il, te délivre de cette crainte. » On ne put faire la paix parce que d'un côté le Carthaginois n'était pas sincère, et de l'autre le consul préférait la victoire à la paix.

2. Régulus fut le premier des généraux romains qui passèrent en Afrique. Il prit la ville de Clypée ainsi que trois cents forte-

---

1. L'indicatif à cause de la répétition de l'action. Gr. § 315.

2. **Præstare** est plus employé en ce sens.

3. **Cum..., tum...,** d'une part..., d'autre part : non seulement..., **mais encore.**

4. Littéralement : qui pouvaient le plus sur mer.

5. Le gérondif à l'abl. marque le moyen et se différencie ainsi du simple participe *demittens.* Gr. § 289.

6. Le possessif n'est pas nécessaire. Gr. § 139.

7. L'interrogation indirecte qui suit est amenée suffisamment par l'idée de « consulter » pour « savoir », contenue dans ce verbe, Gr. § 284.

8. **Num,** dans l'interrog. indirecte, n'a pas exactement le même sens que dans l'interrog. directe (Gr. § 256).

resses. Il ne lutta pas seulement contre les hommes, mais aussi contre les monstres. Tandis que son camp était établi près du Bagrada, un serpent d'une taille surprenante se mit à inquiéter l'armée romaine : il fit périr de nombreux soldats en les saisissant dans sa gueule énorme; il en écrasa plus encore sous les coups de sa queue; il en tua quelques-uns simplement avec son haleine empestée. Les traits ne pouvaient le percer, car ses écailles, formant une cuirasse impénétrable, résistaient aisément à tous les coups. Il fallut recourir aux machines de guerre et l'abattre en amenant les balistes, comme s'il se fût agi d'une citadelle fortifiée. Il succomba enfin sous les coups de lourdes pierres, mais son sang empoisonna le fleuve et la région voisine de sorte que les Romains durent transporter ailleurs leur camp. Régulus envoya à Rome la peau de cet animal : elle mesurait cent vingt pieds en longueur.

Thème d'imitation, XV. § 1-2. — **1.** 1. *Hanno timuit, donec Regulus eum liberavit*[1]. — 2. *Cum consul comprehensus et in vincula conjectus est, clamor exoriri cœpit.* — 3. *Si tempus trahet*[2], *par pari referemus.* — 4. *Paucis ante diebus copiæ novæ Romam advenerant.* — 5. *Si idem facis quod*[3] *Carthaginienses, nihilo istis melior es.* — 6. *Nonne maris tacendo*[4] *hoc periculum avertere?*

2. 1. *Monstrum, quod dejecimus, Romam mittemus.* — 2. *Cum anguibus ingentis magnitudinis*[5] *dimicabimus.* — 3. *Hujus beluæ squamæ, quæ lorica duriores erant, nostros milites elidebant.* — 4. *Vicina regio pestilenti ejus halitu inficietur.* — 5. *Nisi machinas advexissemus*[6], *ingenti ore nos corripuisset.*

3. Régulus, en raison de ses succès, se vit proroger son commandement pour l'année suivante. Quand il l'apprit, il écrivit au Sénat que, dans le domaine de sept arpents qu'il posssédait, son intendant était mort et qu'un esclave, profitant de l'occasion, s'était enfui en emportant l'outillage agricole. Il demandait en conséquence qu'on lui envoyât un successeur en Afrique, de peur que, par suite de l'abandon de ses terres, sa femme et ses enfants n'eussent pas de quoi se nourrir. Au reçu de cette lettre, le Sénat fit racheter aux frais de l'État les instruments que Régulus avait perdus; il mit en adjudication la culture de son domaine et fournit des aliments à sa femme et à ses enfants. Régulus abattit

1. Pour l'emploi de l'indicatif après *donec*, alors qu'on a le subj. dans le texte, voir Gr. § 321-322.

2. Gr. § 303, 2°.

3. Sur *idem qui*, voir Gr. § 132.

4. Gr. § 289.

5. On *ingenti magnitudine*, Gr. § 114.

6. Gr. § 308.

ensuite en de nombreux combats la puissance des Carthaginois et les força à demander la paix ; comme il ne voulait l'accorder que moyennant des conditions fort dures, ses adversaires demandèrent le secours des Lacédémoniens.

4. Les Lacédémoniens envoyèrent aux Carthaginois Xanthippe, homme fort versé dans l'art de la guerre, qui battit complètement Régulus. De toute l'armée romaine il ne resta que deux mille hommes. Régulus lui-même fut pris et jeté en prison. Il fut envoyé ensuite à Rome pour négocier le rachat des prisonniers. Il avait juré de revenir lui-même à Carthage, si l'affaire ne s'arrangeait pas. Arrivé à Rome, il fut introduit dans le Sénat et y exposa ce dont il était chargé. Tout d'abord, il refusa de donner son avis sur la question, alléguant que, tombé entre les mains de l'ennemi, il n'était plus sénateur. Pourtant, comme on lui ordonnait de dire ce qu'il en pensait, il déclara qu'il n'était pas utile de rendre aux Carthaginois leurs prisonniers : c'étaient des jeunes gens, disait-il, et des chefs adroits, tandis que lui, il était accablé par l'âge. Son avis l'ayant emporté, on garda les prisonniers.

5. Régulus, malgré les efforts de ses proches et de ses amis qui voulaient le retenir, retourna à Carthage. Il n'ignorait d'ailleurs pas qu'il se rendait chez un ennemi impitoyable pour subir d'affreux supplices ; mais il pensait qu'il fallait tenir son serment. Quand il fut de retour, les Carthaginois le firent périr dans les pires tortures : après lui avoir coupé les paupières, ils le tinrent quelque temps enfermé dans l'obscurité ; puis à l'heure où le soleil était le plus ardent, ils le firent soudain sortir et l'obligèrent à fixer les yeux sur le ciel. Enfin ils l'enfermèrent dans un coffre de bois, garni intérieurement de pointes acérées. Son corps épuisé était percé, quelle que fût la position qu'il prît, par ces pointes de fer ; aussi mourut-il par l'effet de l'insomnie et de la souffrance continuelle. Telle fut la fin de Régulus, plus illustre et plus magnifique encore que sa vie, en dépit de la gloire dont elle fut longtemps remplie.

THÈME D'IMITATION, XV, § 3-5. — **3.** 1. *Rusticum ejus instrumentum ei in proximum annum auferetis.* — 2. *Ubi cognovimus villicum ejus aufugisse, id ejus uxori*[1] *scripsimus.* — 3. *Regulus auxilium a senatu petivit, ut uxorem filiumque*[2] *alere posset.* — 4. *Regulus, cum*[3] *Carthaginienses coacti essent agros deserere, petivit*

<hr>

1. Ou *ad uxorem*. Gr. § 171*.

2. Le singulier de *liberi, orum*, les enfants, n'est pas usité.

3. Le participe passé français est souvent rendu en latin par *cum* avec le pl.-q.-parf. du subjonctif (Gr. § 319).

ut iis pax durissimis conditionibus daretur. — 5. Ob res Reguli bene gestas, ejus agellus publica pecunia cultus est.

4. 1. Vir ille tam belli peritus est ut te victurus[1] sit. — 2. Senatus mandata de permutandis[5] captivis tibi exponam. — 3. Ex omnibus senatoribus[6] duo tantum, ne sententiam dicerent, recusarunt. — 4. Quanquam in hostium potestatem venerant, negabant se captivos esse. — 5. Nisi hoc jusjurandum dederitis[7], in carcerem conjiciemini.

5. 1. Redire Carthaginem coacti sumus et a crudelissimis hostibus retenti. — 2. Non ignoramus Reguli exitum ejus vita clariorem fuisse. — 3. Licet ferreis stimulis confossi, jusjurandum conservarunt[8]. — 4. Ex arca illa lignea educti sumus. — 5. Inter crudelissima supplicia captivi cælum intuebantur. — 6. Sole ardente[9] Carthaginem profecti sumus.

XVI. — Appius Claudius Pulcher.

1. Appius Claudius, qui était d'une absurde témérité, partit en campagne comme consul contre les Carthaginois. Il blâmait publiquement la conduite des généraux qui l'avaient précédé et se vantait de terminer la guerre, le jour même où il verrait l'ennemi. Avant de livrer un combat naval, il prit les auspices. Le pullaire l'ayant prévenu que les poulets sacrés ne sortaient pas de la cage et ne mangeaient pas, il se mit à railler et dit : « Qu'on les jette à l'eau : au moins ils boiront puisqu'ils ne veulent pas manger. » Cet acte fit entrer une crainte superstitieuse dans l'esprit de ses troupes. Peu après, un combat fut livré et les Romains subirent un grand désastre. Huit mille d'entre eux furent tués et vingt mille faits prisonniers. Aussi Claudius fut condamné par le peuple. Cet événement fit aussi le malheur de Claudia, sœur du consul. Un jour que, revenant du spectacle, elle se trouvait pressée par la foule, elle s'écria : « Si seulement mon frère vivait et commandait encore la flotte! » Elle donnait à entendre qu'elle souhaitait de voir diminuer le nombre excessif des citoyens. Claudia, elle aussi, fut condamnée pour cette parole impie.

---

4. Le participe en *urus* avec *esse* forme une périphrase qui permet de rendre l'idée du futur au subjonctif, Gr. § 342. 1.

5. **Permutare** signifie proprement « changer ».

6. Ou avec le génitif partitif : *omnium senatorum*, Gr. § 153.

7. Gr. § 303, 2.

8. Ou *conservaverunt*, Gr. § 63.

9. À entendre comme un ablatif absolu sur la forme *ardente* ou *ardenti*, voir Gr. § 58.

XVII. — Paul-Émile et Térentius Varron.

1. Hannibal était arrivé en Apulie. Les deux consuls quittèrent Rome pour marcher contre lui ; c'étaient Paul-Émile et Térentius Varron. Paul-Émile préférait l'adroite temporisation de Fabius. Au contraire Varron, violent et téméraire, aimait les mesures énergiques. Tous deux établirent leur camp auprès d'une bourgade nommée Cannes. En cet endroit, le hasard avait entretenu la témérité naturelle de Varron en lui donnant l'avantage dans de légers engagements. Aussi, malgré son collègue, il rangea l'armée en bataille et donna le signal du combat. L'armée romaine fut vaincue et anéantie. Ce fut le coup le plus rude qui atteignit jamais l'État romain. Paul-Émile, criblé de traits, y périt. Un tribun militaire, l'ayant aperçu en plein combat tout couvert de sang, lui dit : « Paul-Émile, prends ce cheval et fuis. — Éloigne-toi plutôt toi-même, lui répondit Paul-Émile ; cours avertir les sénateurs de fortifier la ville et de la garnir de postes de soldats avant l'arrivée de l'ennemi vainqueur. Laisse-moi expirer au milieu de ce carnage de mes soldats. » L'autre consul put s'échapper avec quelques cavaliers.

2. Tout le monde félicitait Hannibal de sa victoire et lui conseillait de prendre lui-même du repos et d'en donner à ses troupes. Seul, un de ses officiers, nommé Maharbal, persuadé qu'il n'y avait pas de temps à perdre, exhortait Hannibal à marcher immédiatement sur Rome, sûr de dîner, quatre jours après, au Capitole. Comme Hannibal ne se rangeait pas à cet avis, Maharbal ajouta : « Tu sais vaincre, Hannibal, mais tu ne sais pas profiter de la victoire. » On croit généralement que la perte de temps qui se fit ce jour-là sauva Rome et son empire. Le lendemain, au lever du jour, les Carthaginois s'occupèrent de recueillir les dépouilles. Il y avait là, sur le sol, tant de cadavres de Romains qu'on envoya à Carthage trois boisseaux de bagues enlevées aux doigts des chevaliers et des sénateurs. Hannibal se dirigea ensuite vers la Campanie, dont les plaisirs l'affaiblirent ainsi que l'ardeur de ses troupes.

THÈME D'IMITATION, XVII, § 1-2. — **1.** 1. *Ex tribunis unus signum dabit, cum Hannibalis exercitum conspexerit. —* 2. *Paulus Æmilius, gravi vulnere afflictus, cruore oppletus erat. —* 3. *Nuntia Romanis exercitum eorum cæsum esse*[1]. — 4. *Nuntia Romanis ut*[2]

---

1. La proposition infinitive, parce qu'il s'agit d'un simple renseignement. Gr. § 264.
2. Ici, la proposition complétive avec *ut* est réclamée par le sens du verbe qui marque une intention, Gr. § 273. Mais voyez surtout Gr. § 275.

*aciem instruant. — 5. Non patiar consulem istum, invitis tribunis,
signum dare, priusquam milites nostri Cannas perveniant. — 6.
Temeritatem tibi insitam non sequar; consulis cunctatio mihi magis
placet.*

2. *1. Statim ad urbem perrexit, ut victoria uteretur. — 2. Illud
consilium ei exercituique ejus[3] saluti fuit. — 3. Anulus hic, quem
e digito[4] detraxi, Romam mittetur. — 4. Mihi suasit ut cum senatoribus equitibusque epularer. — 5. Illud consilium non probavit[5],
posteroque die tot milites fessi fuerunt ut exercitus ardor elangue-
ret[6]. — 6. Ubi primum illuxit, nobis gratulatus est, nosque[7] hortatus est ut spolia legeremus.*

3. Jamais Rome ne fut aussi effrayée qu'en recevant la nouvelle
de ce désastre. Néanmoins personne ne parla de faire la paix. Bien
plus, on alla au-devant de Varron, qui était responsable de ce
malheur, et tous les ordres le remercièrent de n'avoir pas déses-
péré de la République. S'il avait été un général carthaginois, il
aurait été puni de son imprudence par les tortures les plus
cruelles. Tandis qu'Hannibal passait son temps à Capoue
dans l'oisiveté et le repos, les Romains reprirent un peu haleine.
On manquait d'armes : les dépouilles prises autrefois à l'ennemi
furent enlevées des temples et des portiques. Le trésor était vide :
les sénateurs s'empressèrent de mettre leurs biens à la disposition de l'État et les chevaliers suivirent leur exemple. On n'avait
pas de soldats : on vit s'enrôler des enfants qui portaient encore
la robe prétexte, c'est-à-dire qui n'avaient pas encore dix-sept
ans, mais qui semblaient assez robustes pour porter les armes.
On acheta des esclaves aux frais de l'État et on les arma. Cette
mesure parut préférable au rachat des prisonniers, et pourtant
ce rachat aurait coûté moins cher.

4. Hannibal ayant autorisé les prisonniers à se racheter, dix
d'entre eux furent envoyés à Rome pour traiter cette affaire.
Hannibal n'exigea pas d'autre garantie que le serment de revenir
au camp, s'ils n'obtenaient pas gain de cause. Le Sénat ne fut
pas d'avis de les racheter et pourtant il n'en aurait pas coûté
une grosse somme : mais il fallait que les soldats romains fussent
bien convaincus qu'ils devaient vaincre ou mourir. Un de ces

---

3. C'est *ejus* qui convient quand possesseur et possédé sont unis par « et ».
Gr. § 142.

4. **Meo** n'est pas nécessaire. Gr. § 139.

5. Ou bien, en tournant par le passif,
illud consilium ei non probatum est. Sur
ce datif avec *probari*, voir Gr. § 185.

6. On pourrait dire aussi *elangueri*, en

négligeant la concordance des temps,
comme il arrive dans les prop. consécu-
tives. Gr. § 250.

7. **Nos** pourrait être sous-entendu ; ce
ne serait pas une dérogation à la règle
§ 155, mais une application de la règle
§ 139.

députés, sorti du camp, y était rentré presque aussitôt sous prétexte qu'il avait oublié quelque chose. Ensuite il avait rejoint ses compagnons avant la nuit. Comme ils n'obtinrent pas gain de cause, ce député rentra chez lui. Il prétendait que son retour au camp l'avait délivré de l'obligation imposée par le serment. Quand la chose s'ébruita, le Sénat le fit arrêter et reconduire chargé de chaînes à Hannibal. Ce qui brisa surtout l'audace d'Hannibal, ce fut cette grandeur d'âme du Sénat et du peuple romain au milieu même de la défaite.

THÈME D'IMITATION, XVII, § 3-4. — **3**. 1. *Dum servi armantur*[1], *captivos redimere cœpimus. — 2. Gratiæ patribus actæ, quod equitum exemplum imitati essent*[2]. *— 3. Si de exercitu nostro desperaris*[3], *pavoris tui pœnas dabis. — 4. Si hostibus obviam ieris, libentes tibi eorum spolia dabimus. — 5. Nuntio non satis virium*[4] *erat ad faciendam acceptæ cladis mentionem.*

4. 1. *Senatus non aliud a nobis postularat, quam ut vincamus aut moriamur. — 2. Romani milites tam excelso erant animo, ut audacia eorum non frangeretur*[5]. *— 3. Romanus ille, quem senatus non redimendum censuit, ad Hannibalis castra ductus est. — 4. Jura te paulo post comites assecuturum*[6].

XVIII. — Marcus Claudius Marcellus.

1. Le préteur Claudius Marcellus montra le premier qu'on pouvait vaincre Hannibal. Celui-ci s'étant approché de Nole, dans l'espoir de s'en emparer par trahison, Marcellus rangea ses troupes en bataille devant les portes de la ville, engagea le combat et mit les Carthaginois en déroute. Hannibal, après cet échec, conduisit son armée devant Casilinum, petite ville de Campanie. Il n'y avait là qu'une faible garnison et cependant le manque de blé faisait paraître le nombre des soldats encore trop considérable. Hannibal, en adressant aux habitants des paroles conciliantes, essaya d'abord de les décider à lui ouvrir les portes. Puis, comme ils restaient fidèles à l'alliance romaine, il se disposa à ébranler les portes et à en briser les verrous. A ce moment, deux cohortes, qui se tenaient prêtes à l'intérieur, font une sortie violente et massacrent les Carthaginois. La honte décida Hanni-

---

1. Ou *armabantur*; pour le présent après *dum*, voir Gr. § 324.

2. Le subjonctif conformément à la règle § 285 : voir aussi § 287.

3. Pour *desperaveris*, Gr. § 63.

4. Une expression comme *satis virium* peut être employée au nominatif ou à l'accusatif, Gr. § 91, 2°.

5. Ou *fracta fuerit*, en négligeant la concordance des temps, Gr. § 250°.

6. L'infinitif futur est obligatoire, d'après la règle § 205.

bal à renoncer à son entreprise. Il laissa quelques troupes autour
de Casilinum, pour n'avoir pas l'air d'abandonner son projet,
et se retira à Capoue dans ses quartiers d'hiver, où il fit demeurer son armée durant la majeure partie de l'hiver.

2. Quand le froid fut devenu moins rigoureux, Hannibal
revint à Casilinum, que la continuation du siège avait réduite
à une extrême disette. Marcellus désirait secourir cette place,
mais une crue du Volturne l'en empêchait. Gracchus, qui se
trouvait non loin de Casilinum avec la cavalerie romaine, fit
recueillir du blé de tous côtés dans la campagne, en remplit plusieurs tonneaux, puis envoya un émissaire aux magistrats de
Casilinum pour les avertir d'arrêter les tonneaux charriés par
le fleuve. La nuit suivante, les tonneaux, abandonnés au milieu
du fleuve, suivirent le fil de l'eau, et le blé fut impartialement
distribué entre tous les habitants. On recommença le lendemain
et le surlendemain. Mais le stratagème fut découvert ; Hannibal
fit placer des chaînes en travers du fleuve et arrêter les tonneaux.
Alors les Romains répandirent des noix, qui suivaient le courant jusqu'à Casilinum, où on les recueillait avec des claies. Ces
vivres soulagèrent quelque temps la disette des alliés.

3. Finalement, on en vint à une telle famine, que les habitants
de Casilinum mangèrent des courroies de cuir et des peaux enlevées aux boucliers après les avoir amollies dans l'eau bouillante.
Ils ne s'abstinrent pas de manger des rats et d'autres animaux.
Un avare, qui avait pris un rat, aima mieux le vendre deux cents
deniers, que de le manger lui-même pour calmer un peu sa
faim. Le vendeur et l'acheteur eurent chacun le sort qu'ils
méritaient : l'avare mourut de faim et ne profita pas de son
argent ; l'autre vécut grâce à cette nourriture qu'il avait achetée.
Enfin, on arracha toutes les herbes et toutes les racines des ter-
rassements inférieurs du rempart. Les ennemis y firent passer
la charrue ; alors les habitants de Casilinum y jetèrent des
semences de raves. Hannibal, étonné, s'écria : « Vais-je donc
rester devant Casilinum jusqu'à ce qu'elles poussent ? » Et lui qui
avait refusé jusque-là d'entendre parler de conditions, ne s'opposa
plus dès lors à une capitulation honorable.

4. Plus tard, la Sicile ayant quitté le parti des Romains pour
celui des Carthaginois, Marcellus, devenu consul, mit le siège
devant Syracuse, la plus célèbre ville de Sicile. Ce siège dura
fort longtemps : ce ne fut qu'au bout de trois ans que la ville
fut prise par Marcellus. Il en serait venu à bout plus tôt, s'il
n'y avait eu à Syracuse à ce moment un grand homme, Archimède, merveilleux inventeur dont les machines ruinaient rapi-

dement tous les efforts des Romains. Après la prise de Syracuse, Marcellus, intéressé par l'extrême habileté de cet homme, ordonna qu'on épargnât sa vie. Mais Archimède, occupé à dessiner attentivement des figures sur le sol, ne s'aperçut pas de la prise de sa patrie. Un soldat pénétra chez lui pour piller et lui demanda d'une voix menaçante qui il était. Archimède, absorbé dans la recherche de la solution de son problème, ne répondit pas. Aussi, le soldat le tua. Marcellus fut fort affligé de sa mort et prit soin de sa sépulture.

5. Marcellus, après avoir reconquis la Sicile, revint aux environs de Rome et demanda à y entrer en triomphateur. Il n'obtint pas cette faveur, mais seulement l'ovation. La veille, sans y être autorisé par le Sénat, il triompha sur le mont Albain. Ensuite, pour la cérémonie de l'ovation, il fit entrer dans la ville devant lui une grande quantité de butin. En même temps que la représentation de Syracuse captive, on portait de nombreux objets d'art appartenant à cette ville et des statues célèbres dont elle regorgeait. Marcellus fit tout déposer au temple de l'Honneur et de la Vertu : il ne réserva rien pour sa maison ni ses jardins. L'année suivante, il fut encore envoyé contre Hannibal. Il y avait entre le camp des Carthaginois et celui des Romains une colline que Marcellus désirait occuper ; mais il voulut d'abord explorer lui-même les lieux. Il s'y rendit avec quelques cavaliers ; mais il tomba dans une embuscade et y périt, le corps traversé d'un javelot. Hannibal, ayant trouvé le cadavre de Marcellus, lui fit de magnifiques funérailles.

TABLE DES MATIÈRES

PREMIÈRE PARTIE

EPITOME HISTORIÆ SACRÆ

DEUXIÈME PARTIE

RECUEIL DE TEXTES FACILES ET GRADUÉS

———

TROISIÈME PARTIE

EPITOME HISTORIÆ GRÆCÆ

———

QUATRIÈME PARTIE

DE VIRIS ILLUSTRIBUS URBIS ROMÆ

—————

42688. - 1930. — TOURS, IMPR. MAME

—————

Fabriqué en France.

J. DE GIGORD
ÉDITEUR - PARIS